MAMÁ LISTA,
MAMÁ RICA

KIMBERLY PALMER

MAMÁ LISTA, MAMÁ RICA

Cómo aumentar tu patrimonio mientras formas una familia

GRUPO NELSON
Una división de Thomas Nelson Publishers
Desde 1798

Editora en Jefe: *Graciela Lelli*
Traducción: *Isabel Martín Piñeiro*
Edición: *Nahum Saez*
Adaptación del diseño al español: *Mauricio Diaz*

ISBN: 978-0-71809-672-4

Impreso en Estados Unidos de América
18 19 20 21 22 LSC 9 8 7 6 5 4 3 2 1

Dedicado a mis maravillosas abuelas: Janet Shearer Johnson
y Mavis Palmer, que ya partió

• CONTENIDO •

• AGRADECIMIENTOS •

Estoy profundamente agradecida por la inmensa red de apoyo, tanto personal como profesional, que me permite escribir sobre dinero: A mi marido, Sujay Davé, por todo lo que hace de manera visible e invisible por mí y por nuestra familia. A mis padres, Gail Shearer y Chris Palmer, que no solo me apoyan siempre, sino que a menudo también cuidan de mis hijos. A mis hermanas y amigas, que dejan que les exprese mis ideas, incluso las que son terribles, y que responden siempre con entusiasmo. A mis abuelas, Janet Shearer Johnson y la difunta Mavis Palmer, a quienes dedico este libro, por mostrarme cómo ser una mujer y una mamá fuerte. A mis antiguos editores y colegas de *U.S. News & World Report;* especialmente a Kim Castro, pues una mamá trabajadora no podría contar con un ambiente laboral más favorable, y por ello les estoy eternamente agradecida.

A mi agente, Melissa Sarver White, por lo fantástico que es que estemos ante nuestro tercer libro juntas. Doy las gracias a los maravillosos editores y a todo el equipo de AMACON, una editorial fabulosa con la que me alegra trabajar, en especial a mi editor Stephen S. Power. También estoy agradecida por el apoyo de Journalists in Aging Fellowship [un grupo de periodistas que tratan sobre el tema del envejecimiento] —que es una colaboración entre New America Media y la institución gerontológica Gerontological Society of America con el respaldo de AARP [institución no lucrativa para personas mayores de cincuenta años de edad]—, que me ayudó a ver los problemas particulares de las madres mayores y cómo las decisiones que tomamos durante las primeras etapas de la vida pueden influir significativamente en nuestros últimos días.

Quiero dar las gracias a todas las mamás que compartieron generosamente sus experiencias conmigo y que me enseñaron tanto por el camino, así como a las profesionales de las finanzas que hicieron lo mismo con sus conocimientos y experiencias. Durante mis nueve años escribiendo sobre dinero para *U.S. News & World Report,* he entrevistado a cientos de mamás, muchas de ellas también expertas en finanzas. Algunas de nuestras conversaciones son entrevistas formales; otras son charlas más informales sobre trabajo, presupuesto y ahorro. Todas ellas han documentado este libro, por lo que les agradezco su generosidad.

Como todas las mamás saben, siempre surge algo que hace que la semana sea un poco más complicada. La conjuntivitis, la gripe, el resfriado, las infecciones del oído y los días de nieve son solo algunas de las sorpresas que se interpusieron cuando escribía esta obra. Algunas veces soñé con escapar a una colonia de escritores en el trópico, donde pudiera escribir por horas sin interrupciones. Pero, por supuesto, no lo pensaba en serio porque escaparme a un sitio así significaría alejarme de las dos pequeñas personitas que quiero más que a nada; las que me convirtieron en mamá y me dieron tanta inspiración para escribir este libro. Kareena y Neal, gracias por traer alegría a mi vida cada día y por recordarme lo que importa de verdad.

INTRODUCCIÓN

INTERNÉMONOS EN LA MATERNIDAD

Mientras me sentaba ante el mostrador de madera de uno de los restaurantes más lujosos de Washington, D.C., mis dos acompañantes, editores de una prestigiosa revista sobre inversiones, me explicaban por qué centraban su cobertura financiera exclusivamente en hombres mayores. «Son nuestros lectores. No las mujeres», decían. Ese es el motivo, continuaron, por el que no tratan temas que podrían ser particularmente interesantes para mujeres inversoras. La naturaleza circular de ese enfoque parecía traerles sin cuidado. A lo mejor si escribieran sobre cómo continuar invirtiendo cuando estás tomándote un descanso del trabajo después de haber dado a luz, o cómo podría influir en tus objetivos financieros traer a otro niño a la familia, descubrirían que su publicación atraería a unas cuantas lectoras más.

Mientras cortaba con cuidado mi coliflor asada al tiempo que colocaba una servilleta de lino sobre mi regazo, me preguntaba si nuestra conversación representaba un problema importante de la industria financiera. Tradicionalmente, el sector ha ignorado a las mujeres: la publicidad tiende a mostrar hombres mayores y canosos con mujeres sirviendo de adorno. Menos de uno de cada cuatro planificadores financieros certificados es mujer. La mayoría de los libros sobre inversión y finanzas personales apenas reconocen a las mamás y los libros que se escriben sobre nosotras, que puedes reconocer por sus colores rosas brillantes, suelen centrarse en cómo comprar menos o usar más los cupones de descuento. Es verdaderamente insultante, si piensas en ello. ¿Por qué los hombres tienen libros y revistas sobre inversión y se enriquecen, mientras que las mujeres recibimos lecciones para ahorrar unos pocos centavos en el supermercado y reducir nuestras colecciones de zapatos?

Estos mensajes nos representan tan pobremente como el mejor de pantalones jeans para mamás. La realidad es que las mujeres, y sobre todo las mamás, gestionan mucho dinero a diario y tomamos decisiones financieras que no solo nos afectan a nosotras, sino también a nuestras familias. En efecto, múltiples estudios demuestran que las mujeres, y las mamás en particular, tienen un gran poder en cuestiones de economía familiar: de acuerdo con Fidelity, la vasta mayoría de las compras del consumidor (85%) son realizadas por mujeres e influimos en el 95% de las compras de bienes y servicios. Para 2020, las mujeres controlarán dos terceras partes de la riqueza del país y el 90% de nosotras gestionaremos nuestras finanzas en algún momento de nuestras vidas, a menudo como consecuencia de un fallecimiento o divorcio. También traemos más alimento a casa: la organización Pew Research Center informa que en cuatro de cada diez viviendas con niños, las mamás son el único o principal sustentador. De manera similar, el incremento de las familias mixtas, las madres solteras y los padres de un mismo sexo contribuyen al crecimiento de la importancia de las mujeres como asalariadas, ahorradoras e inversoras dentro de las familias.

Al mismo tiempo, las encuestas de la industria muestran lo poco contentas que estamos con la manera en la que el sector habla de nosotras. Un informe de Boston Consulting Group constató que la mayoría de las mujeres no estaban satisfechas con el nivel de atención recibida por parte de su proveedor de servicios financieros y muchas afirman sentir que sus consejeros masculinos estaban siendo condescendientes con ellas. No me sorprendió cuando un amigo y consejero financiero (hombre) me comentó hace poco, mientras nos tomábamos un café, que escuchó por casualidad a uno de sus asesores jóvenes hablar directamente con el marido mientras se refería a la mujer en tercera persona, incluso con ella sentada a su lado. Dado ese tipo de tratamiento, no es extraño que el 70% de las mujeres reemplace rápidamente a sus asesores financieros en el primer año de convertirse en solteras. Si no nos tratas como los motores financieros que somos, encontraremos a alguien que sí lo haga.

Sin embargo, es complicado saber exactamente cómo hacerlo. Sé por las experiencias de mis amigas y la mía propia que las mamás lidian con muchas preocupaciones financieras únicas. No pasa prácticamente ningún mes sin que al menos una amiga me contacte para repasar trucos de negociación de salario con antelación ante una posible propuesta de trabajo, siempre teniendo en cuenta los costos de criar a un niño a la hora de calcular presupuestos. Mis mejores amigas de la universidad y yo pasábamos horas debatiendo por cuánto tiempo dejar el trabajo después de que naciese cada bebé, en qué condiciones volver al mismo y si continuar ascendiendo profesionalmente de manera tan ambiciosa una vez nos convirtiéramos en mamás. (Cada una de nosotras llegaba a respuestas diferentes, y en constante cambio, a esa pregunta). A menudo mis amigas me mandan todo tipo de preguntas por correo electrónico, sabiendo que diariamente escribo sobre finanzas personales: ¿Qué cantidad debe alcanzar el seguro de vida? ¿Deben mantener una cuenta bancaria aparte de la de su marido? ¿Cuánto hay que destinar al ahorro?

Cuando llegan bebés nuevos y las familias crecen, las preguntas aumentan aun más. Por ejemplo, mi hermana pequeña, médico de familia en San Francisco, esperando el nacimiento de su hijo, tenía más dudas sobre dinero que acerca de dar a luz. La llegada del niño motivó tanto a ella como a su marido a revisar sus ahorros para la jubilación, decidir si comprar o no una casa y abordar temas de adultos, como escribir un testamento. Como les ha sucedido a ella y a tantas otras mamás, la perspectiva de las cosas, incluidas las cuestiones económicas, cambia en el momento en el que te conviertes en progenitor. De repente, te preocupas mucho más por asegurarte de que tu familia es financieramente estable, que puedes pagar todas tus facturas mensuales (incluyendo las relacionadas con tu bebé), que estás ahorrando para objetivos importantes de futuro como la matrícula de la universidad y que tienes protección frente a situaciones inesperadas, como despido o enfermedad.

Aunque me veo inmersa en estos temas por trabajo, muchas veces incluso me sorprendo con ciertas cuestiones financieras como, por ejemplo, la de costear la manutención infantil cuando llega un segundo niño o cómo prepararse económicamente para una baja por maternidad no pagada. Cuando nuestro hijo se unió a su hermana mayor, las facturas mensuales de la tarjeta de crédito prácticamente se duplicaron. Entre pañales, comida de bebé e imprevistos aleatorios como la crema solar infantil, difícilmente podía cubrir todos nuestros gastos nuevos. También sabía que necesitaba considerar objetivos financieros más importantes, como encontrar la manera de incrementar mis propios ingresos y ahorrar para la universidad y la jubilación en medio de la presión de todos esos gastos diarios.

Como puede decirte cualquier mamá novata, traer a un pequeño bebé a casa genera una fiebre de impulsos protectores. ¿Ese resfriado indica una enfermedad más seria? ¿Es suficientemente segura la cuna? ¿Está recibiendo suficiente leche el bebé? Esos impulsos también pueden y deberían aplicarse a la seguridad financiera. Como mamás, tenemos mucho poder para moldear el bienestar económico actual y futuro de nuestras familias, conforme aumentan y sus miembros se hacen mayores. Este libro te ayudará a tomar decisiones que den lugar al crecimiento de tu patrimonio y el de tu familia. Juntos exploraremos las preguntas y dificultades específicas de las mamás y cómo afrontarlas, desde trabajando hasta ahorrando e invirtiendo, pasando por enseñar a tus hijos a tener inteligencia financiera desde el principio. Conoceremos las estrategias y secretos de docenas de mamás listas, que toman decisiones ahorrativas para ellas y sus familias. Los capítulos y el manual al final del libro incluyen listas de verificación, plantillas y pasos a seguir.

La verdad es que muchas de nosotras nos predisponemos para un camino de riqueza, o pobreza, mucho antes de convertirnos en mamás, incluso antes de ser conscientes del poder financiero que manejamos; trayectorias que pueden ser difíciles, aunque no imposibles, de cambiar. Los hábitos de gasto y ahorro que desarrollamos en nuestra veintena, la pareja que elegimos (si elegimos alguna) o la carrera que tomamos son decisiones que influyen significativamente sobre nuestro futuro nivel de bienestar económico. Por ese motivo, a veces dedico mi descanso para comer a intercambiar mensajes con mi hermana pequeña, animándola a evadir el masaje de cincuenta dólares y, en vez de eso, aprender a relajarse de manera más barata tras un mal día, al mismo tiempo que la aconsejo en cuanto a noviazgo y a su carrera. (Brindo servicio de hermana a tiempo completo).

Ese es también el motivo por el que me preocupa tanto cada vez que una encuesta nueva muestra que las mujeres jóvenes tienden a estar por detrás de los hombres jóvenes en cuanto a educación financiera básica. En un evento celebrado en Capitol Hill, los investigadores de Wells Fargo explicaron que las mujeres en la veintena ya se sentían menos satisfechas y optimistas respecto a las finanzas que sus compañeros varones. También es más probable que digan que su deuda les «abruma»; y, de hecho, por un buen motivo: acumulan más que los chicos jóvenes. Las mujeres de veintitantos ganan, ahorran e invierten menos que sus homólogos del género masculino: los hombres de la generación del milenio, o mileniales, presentan prácticamente el doble de activos invertibles que las mujeres (58.500 dólares frente a 31.400 dólares).

Una encuesta internacional realizada por la Organización para la Cooperación y el Desarrollo Económicos (OECD, por sus siglas en inglés) a más de 29.000 jóvenes de quince años en dieciocho países averiguó que, incluso a edades tan tempranas, las niñas presentan niveles más bajos de educación financiera y confianza en sus habilidades que los chicos. Las chicas obtuvieron peores notas en preguntas de matemáticas y mostraron un mayor grado de ansiedad hacia las mismas. Las diferencias empiezan a aparecer antes de la pubertad: una encuesta elaborada por T. Rowe Price en 2014 a niños de edades comprendidas entre ocho y catorce años halló que es más probable que los chicos hablen con sus padres de sus objetivos financieros que las niñas y que tienen una mayor tendencia a considerarse a sí mismos como «inteligentes con el dinero».

No es sorprendente, entonces, que veinte años más tarde, cuando nosotras somos las mamás, demostremos unos niveles menores de confianza en temas de dinero. Una encuesta llevada a cabo por Fidelity en 2015 a 1.542 mujeres adultas constató que la mayoría dicen sentirse incómodas hablando de finanzas, incluso con amigos, esposos o profesionales financieros. La mayoría de las mujeres encuestadas decía que querían tener una mayor implicación a la hora de gestionar su dinero, pero solo el 28% se encontraba cómoda escogiendo sus inversiones y el 37% con confianza al gestionar sus planes para la jubilación.

De hecho, es probable que la propia maternidad genere algunos de los mayores estreses financieros con los que lidiaremos en nuestras vidas. No se trata únicamente de que los niños son caros, sino de que pueden transformar nuestra existencia, dificultando el mantenimiento de un trabajo o el estar al día con las facturas. Antes de que entrase en política y fuera elegida senadora de Estados Unidos, la investigación de Elizabeth Warren sobre bancarrota mostró que ser mamá es el mayor pronosticador de ruina financiera, suponiendo el mayor riesgo para mamás solteras.

Dados esos datos desalentadores, es el momento de que nosotras las mamás tengamos por lo menos tanta ayuda orientada al aumento de nuestro patrimonio como la que recibimos con el llamado peso del embarazo, para reducir las arrugas o para ahorrar diez dólares en nuestro próximo pedido al por mayor de detergente. Contrariamente a la perspectiva de mis acompañantes durante aquella comida tan esclarecedora, nuestra experiencia con la vida y el dinero es distinta que la de nuestros padres, hermanos, hijos y maridos, y es sencillamente igual de importante. Teniendo en cuenta a nuestros hijos, probablemente sea incluso más importante, ya que somos nosotras las que dictamos las normas sobre dinero la mayoría del tiempo. Gran parte del bienestar de nuestros hijos, tanto financiero como de otro tipo, depende de nosotras. Las decisiones que tomamos hoy influyen sobre si pueden contar con la estabilidad de una vivienda familiar y comida cada día, apuntarse a sus actividades extraescolares favoritas (y costosas) y asistir a la universidad sin tener que asumir una cantidad abrumadora de deuda estudiantil.

Con la orientación adecuada, podemos sacar partido a nuestro poder financiero para crear una vida más rica para nosotras mismas y nuestras familias. Una vida más rica no solo tiene que ver con tener más dinero en el banco, sino con la libertad para tomar decisiones que reflejen los objetivos y sueños más importantes para nosotras, nuestras familias y nuestras comunidades.

Después de esa reunión, decidí sumergirme más en las trincheras, para hablar con mamás del mundo real que cada día están tomando esas decisiones financieras para ellas y sus familias. Independientemente de lo que piense la industria financiera, las mamás son las auténticas gestoras cuando se trata de manejar el dinero de las familias americanas. En concreto, quería desvelar los secretos de aquellas mamás listas que toman decisiones financieras que conducen a la seguridad y al incremento del patrimonio de sus familias. Sabía que otras mamás y yo podíamos aprender mucho de ellas, y acabé haciéndolo incluso más de lo que me imaginé. De hecho, durante el transcurso de mi investigación terminé realizando algunos cambios significativos en mi propia vida financiera; desde pequeñas cosas, como siempre llevar mi cartera a las salidas familiares incluso aunque mi marido llevase una, hasta cambios más grandes, como implicarme más a la hora de gestionar los ahorros e inversiones a largo plazo de la familia, especialmente aquellos destinados a pagar las futuras matrículas de la universidad. (En efecto, tras investigar para el capítulo cinco, abrí por primera vez una cuenta tipo 529 para cada uno de mis hijos). En vez de dejar despreocupadamente que mi marido mantuviera los datos sobre las cuentas y préstamos de acceso con contraseña, los descargué en mi propio ordenador (y me aseguré de conocer la clave de acceso). También empecé a hablar mucho más de dinero con mi hija (y haré lo mismo con mi hijo cuando crezca) porque he descubierto el gran impacto que tienen esas conversaciones. Además, les pregunté a mis padres sobre sus finanzas, con el objetivo de prepararme mejor para ayudarles en un futuro, conforme se hagan mayores.

Según he aprendido, las mamás listas tienen el mismo aspecto que cualquier otra madre que te encuentras en la fila del autobús. Pero si echaras un vistazo a sus cuentas bancarias, extractos de tarjetas de crédito y carteras, descubrirías algunas características distintivas: las mamás listas siempre ganan su propio dinero, aunque se reduzca significativamente durante sus años de crianza de hijos. Las mamás listas tienen suficiente efectivo a corto plazo en el banco para sobrellevar gastos inesperados o reducciones temporales de los ingresos, dan prioridad a los ahorros a corto plazo y han pagado todas sus deudas de interés alto. Tienen pólizas de seguros en orden que pueden cubrirles en caso de tragedia. Las mamás listas modelan comportamientos que promueven la creación de patrimonio en sus propios hijos e hijas, que desarrollan hábitos financieros inteligentes pronto. Las mamás listas no dudan en realizar compras que saben que beneficiarán su propio bienestar o el de sus familias. Se involucran activamente con sus propios ahorros y decisiones sobre inversión, y no ceden las riendas de la gestión monetaria a sus parejas. Las mamás listas tienen unos objetivos monetarios y de vida claros, hacia los que progresan gradualmente, aunque sea a ritmo lento. Se sienten cómodas y seguras hablando de sus finanzas; gestionar dinero es tan común e incluso tan placentero para ellas como darse un baño caliente.

Pese a lo mucho o poco que tengan, su dinero les da a ellas y a sus familias una sensación de seguridad. Ser una mamá lista no solo consiste en ganar por encima de cierta cantidad de dinero, amasar determinado patrimonio neto o ser dueña de una vivienda de un millón de dólares. Entre las mamás listas que figuran aquí se encuentran profesoras, enfermeras y escritoras autónomas, así como abogadas, propietarias de negocios y profesionales de las finanzas. Son mamás solteras, mamás jóvenes y mamás mayores. Cualesquiera que sean sus ingresos o niveles de ahorros, lo que tienen en común es la comodidad, confianza y seguridad que da el tomar decisiones monetarias inteligentes.

Los siguientes capítulos revelan las estrategias secretas, los trucos y los consejos de las mamás listas, facilitándote el plan de acción que te ayudará a desarrollar el patrimonio y la vida que tú y tu familia merecen.

1

AHORRA (Y GASTA) COMO UNA MADRE

Tengo una amiga en Facebook que publica fotos de sus rutinarios viajes al supermercado, mostrando lo increíblemente poco que le cuestan todas esas bolsas de patatas y toallitas de papel. Aunque es impresionante —a menudo trae a casa maletas llenas de artículos por menos de cincuenta dólares—, no puedo evitar pensar en si esos ahorros compensan su esfuerzo. Pasa horas recortando cupones de papel (hábito que también comparte con sus amigas de Facebook) y acaba con suficientes chuletas de cerdo como para sobrevivir a un apocalipsis (siempre y cuando el frigorífico siga funcionando). ¿Podría emplear mejor su tiempo con un cometido financiero más estratégico, como depositar recibos de gasto flexible para los costos sanitarios o reajustar sus inversiones para la jubilación? ¿Comerá su familia todas esas chuletas de cerdo antes de que caduquen? ¿Querrán ellos hacerlo?

Nuestra cultura ensalza a las mamás que ahorran hasta el último centavo en programas televisivos como *Extreme Couponing* de la TLC [The Learning Channel]. La gran depresión hizo que volviera a estar de moda la cultura de la austeridad y eso es algo bueno, ya que no hay razón para gastar más de lo necesario a la hora de gestionar nuestra economía familiar. Como editora de «The Frugal Shopper», el popular blog de *U.S. News*, disfruté haciendo correr la voz acerca de cómo atrapar las mejores ofertas y recortar gastos. Yo misma disfruto mucho escribiendo un código de descuento que reduce automáticamente veinte dólares o más de mi cuenta cuando compró en Internet.

Sin embargo, también hay un lado oscuro de esta costumbre de ahorrar hasta el último centavo, sobre todo cuando acaba reduciéndose a mamás buscando cupones y cazando descuentos. Hace que nos centremos en ahorros pequeños a corto plazo en lugar de trabajar en estrategias financieras más significativas que realmente construyen nuestro bienestar financiero con el paso del tiempo. Nos damos prisa en ahorrar cinco dólares en la facturación, mientras que perdemos quinientos (en impuestos) por no haber solicitado a nuestro empleador la cuenta de gasto flexible para pagar la guardería o dejamos los ahorros a largo plazo en una cuenta que no paga intereses.

Esta paradoja me golpeó cuando veía un episodio de *The Real Housewives of Beverly Hills* en el que una de las estrellas, Brandi Glanville, dice a la cámara que quiere ganar mucho dinero con el objetivo de crear estabilidad para sus hijos y asegurarse de no tener que volver a depender de un hombre para vivir. (Un tema recurrente del programa es que su exmarido, el actor Eddie Cibrian, la engañó y después se casó con LeAnn Rimes). Quería chocar los cinco con ella por tener esa ambición financiera.

Pero cuando después, en un episodio posterior, recibe en metálico un cheque de seis figuras por su exitoso libro, lo derrocha en un coche diseñado a su gusto, en vez de invertir esos ingresos extraordinarios en su futuro (y el de sus hijos). Esta es la misma mujer que tuitea acerca de sus propios éxitos con atracones de cupones; de acuerdo con su Twitter, ahorró cerca de setenta dólares en un viaje al supermercado gracias a los cupones. Tan impresionante como mis amigas del

Facebook, pero haría mucho mejor comprando un coche más barato y no preocupándose tanto por ahorrar dólares y centavos en comida.

Por ese motivo, debemos romper con esa mentalidad restrictiva de los cupones y pensar a lo grande, mucho más grande. Piensa en ser una compradora habilidosa cada día, no solo en ser una cazadora de cupones los fines de semana. Piensa en negociar facturas en curso y gastos mensuales, en vez de distraerte por compras de una sola vez que, de todas maneras, no son tan caras. Deberíamos pensar en invertir los ahorros que generamos de una manera que incremente nuestro dinero en vez de gastarlo en una compra efímera que pronto se convertirá en más desorden para la casa.

Al parecer, las mamás jugamos un papel enorme cuando se trata del consumo familiar, principalmente porque realizamos gran parte de él. Hacemos la mayoría de las compras nosotras mismas y esas decisiones son mucho más importantes que poner simplemente un detergente en el carrito. Una encuesta de 2014 elaborada por Wells Fargo constató que 82% de las mujeres que tienen un mínimo de 250.000 dólares en activos están a cargo de las finanzas diarias de la familia, incluyendo las decisiones sobre presupuesto y gasto. Eso es mucha presión sobre nuestras espaldas. Por dicha, podemos afrontarlo y algunas estrategias pueden reducir el caos de tener que estar buscando la mejor oferta constantemente al mismo tiempo que también administramos aspectos a largo plazo de las finanzas familiares.

Abordar nuestro gasto con una sobria actitud exquisita, independientemente de si se trata de una cena entre semana o de unas vacaciones anuales, significa encontrar lo mejor que podemos permitirnos para nuestra familia por el precio más bajo. En la película *Un viaje de diez metros*, el personaje interpretado por Helen Mirren, la propietaria gruñona de un restaurante francés que aspira a conseguir una estrella Michelin, acusa a un señor mayor de ser tacaño, y en consecuencia pobre, por negociar el precio de su habitación de hotel. Él responde que pedir un descuento solo significa que es ahorrador, no pobre. Esa es una verdad que también conocen las mamás. Y se sienten cómodas al pedir descuentos cuando es importante porque saben que ellas (y sus familias) los merecen, así como se merecen el bienestar que esos descuentos producen con el paso del tiempo.

COMPRA DE MODO MÁS INTELIGENTE

Cada año, cuando se acercan las vacaciones de invierno, llamo a Kit Yarrow, una psicóloga de consumo y experta en compras, para que me aconseje sobre cómo afrontar el frenesí de las compras anuales y seguir triunfante. Al ser ella una compradora inteligente, siempre me enseña algo nuevo para aprovechar al máximo los comercios y, como madre (sus dos hijos ya están crecidos), desarrolló sus propias rutinas y estrategias que funcionan para su familia.

Una de las primeras cosas que me enseñó es que tienes que evitar todos los incentivos que los comerciantes mandan a tu dirección. Suena contradictorio porque parece que hacer caso a esas rebajas del 50% te reportará grandes descuentos, o que recibir correos electrónicos diarios con ofertas te hará ahorrar, pero en realidad todo ese ruido hace que gastes más porque te sientes presionada a comprar cosas que realmente no necesitas. Yarrow sugiere que te mantengas al margen cada vez que veas un letrero de «todo a mitad de precio» o una venta «de un solo día», a no ser que el artículo ya estuviera en tu lista de compras.

Según Yarrow, ese tipo de rebajas «sacan a flote emociones como la competitividad, el miedo a perder algo o un sentimiento de urgencia. Esas emociones nublan el pensamiento y tú quieres tener la mente ágil cuando vas a gastar dinero». Considerando que hoy gran parte de esa tentación adopta la forma de correos, considera darte de baja de todos esos correos comerciales que te garantizan que nunca te perderás unas rebajas. En realidad, perderlas puede ser algo bueno para tu cuenta bancaria.

Por eso, recorrer aplicaciones de compras con tu teléfono inteligente no es la actividad más relajante después de poner a tus hijos a dormir. «La gente busca gangas (ofertas de ventas) por afición. Es el equivalente a lo que era tejer hace cuarenta años: una actividad para relajar la mente que no necesita el cerebro», dice Yarrow, señalando que a menudo la gente compra con el móvil o por Internet en el trabajo durante las horas de comer o por las tardes. Como sabe ella por su propio comportamiento, así como por sus investigaciones, «cuanto más te centras en las ofertas especiales, más gastas». Esas ofertas, según cuenta, nos dan un sentimiento falso de control sobre nuestras caóticas vidas.

Para recuperar el control sin consumir, la primera línea de defensa es mantener una lista de compras con todos los artículos que verdaderamente necesitas adquirir. De ese modo, si necesitas una cafetera, puedes buscar las ofertas del tipo de cafetera que quieres y anticiparte al gasto venidero. Puedes tomarte tu tiempo, comparando los pros y los contras de los diferentes modelos y acabar con el producto de mayor calidad por el dinero que posees. (Si tienes pareja, los dos pueden participar en el proceso y así ninguno se sorprenderá cuando llegue la cuenta).

Otra estrategia inteligente es buscar los descuentos, en lugar de permitir que ellos vengan a ti. En vez de ser el recipiente pasivo de los correos de los comerciantes y las notificaciones que llegan a tu teléfono inteligente informándote de las ofertas diarias, puedes buscar el mejor precio cuando estés preparada para comprar uno de los productos de tu lista. Algunas herramientas populares de cupones y aplicaciones para comparar precios como RetailMeNot, PriceGrabber, RedLaser y Brad's Deals facilitan la búsqueda de códigos de descuento y ofertas cuando estás lista para comprar, en vez de empujarte a comprar cuando todavía no estás preparada. Para las compras digitales, complementos del explorador como PriceBlink o InvisibleHand te informan si otro sitio ofrece un precio más bajo por un producto que estás a punto de adquirir. La diferencia es que tú eres quien controla los tiempos y no adaptas tu horario al calendario de los comerciantes. Por eso también me gusta usar Unroll.Me, una herramienta para desligarte de los correos que reúne de manera automática en un único mensaje recopilador diario todos los correos en serie, incluidos los anuncios de los comerciantes, para evitar que estés recibiéndolos todo el día. (Cuando me suscribí la primera vez, me impactó ver que sin darme cuenta me había subscrito ¡a 150 listas!).

Decidir qué va en esa lista puede ser delicado. ¿Realmente necesitas un nuevo bolso o todavía te sirve el que tienes actualmente a pesar de su apariencia desgastada? ¿Necesitan tus hijos nueva indumentaria o también podría valerles ropa de segunda mano? ¿Qué mensajes sobre valor y mérito mandamos a nuestros hijos con las decisiones que tomamos? En una de mis canciones de country favoritas, «American Middle Class», Angaleena Presley canta sobre el recuerdo de su madre pegando etiquetas de Keds en la parte trasera de sus zapatos blancos para que lucieran como auténticos Keds. Ahora, décadas más tarde ya como madre, casi siente nostalgia de esos días y orgullo por la creatividad de su mamá, que no se limitaba a los zapatos. «Cortaba el parche Guess de un par de *jeans* y lo cosía en otro que había conseguido en unas ventas caseras», recuerda.

A pesar de que la cantante ya no siente presión económica puesto que, además de su carrera como solista, es parte del exitoso trío Pistol Annies con la superestrella Miranda Lambert, todavía copia la estrategia de su madre en su propio hogar. «Lo que me enseñó mi mamá y que todavía sigo es que, si no lo tienes, puedes hacerlo», dice

Angaleena. De hecho, un año le dijo a su marido que por Navidades, en lugar de regalos, quería arreglar artículos antiguos de la casa.

NO TE PIERDAS NI UNA OPORTUNIDAD DE GANAR

Una técnica de compra igualmente importante entra en escena cuando adquieres un producto o servicio que en cierto modo no encaja con tus estándares. Esto es algo con lo que muchas mamás batallan porque puede requerir conversaciones incómodas y que posiblemente consuman tiempo. Sin embargo, me ahorra un par de miles de dólares al año, la mayoría relacionados con el seguro médico, gastos que se pueden pagar con la cuenta de gasto flexible y compras en comercios, como ropa defectuosa. La realidad es que las grandes compañías, desde aseguradoras hasta tiendas de ropa, cometen errores, la mayoría de los que probablemente no se reclaman. Solo los clientes que hablan sin reservas recuperan su dinero.

Uno de mis preferidos gastos recurrentes es Stitch Fix, un servicio digital de compra individualizada que te envía una caja de ropa personalizada cada mes, adaptada a tus propias preferencias y tallas. Como no tengo tiempo para comprar durante los fines de semana, y el servicio ofrece gran calidad a un precio razonable, eso hace que siga luciendo presentable en el trabajo. Sin embargo, hubo un mes en el que se le cayeron dos botones a una de las piezas que había comprado a través de ese servicio. Al principio, lo dejé pasar y pensé en coser los botones luego. Pero cuanto más pensaba en ello, más me parecía que debía informar a la compañía. Después de todo, soy una clienta fiel y deberían saber que los botones se caen tras usar la prenda unas pocas veces. Así que les mandé una nota y recibí un reembolso de dieciséis dólares. Los correos rápidos como ese a los comerciantes siempre resultan en algún tipo de reembolso o descuento para el futuro. Mandé un correo similar al detergente Tide después de que la compañía cambiara un perfume de manera inesperada. Tide me mandó rápidamente un cupón de veinte dólares para un nuevo recipiente de detergente. Esas cantidades son demasiado pequeñas como para dedicarles mucho tiempo, pero merecen un correo rápido o dos.

De igual forma, nunca completo una compra digital sin antes realizar una pequeña búsqueda en Internet del nombre del comerciante y las palabras «cupón» y «código de promoción». Como poco, la mitad de las veces esta búsqueda acaba aportándome un descuento de cinco dólares o más. Esto es dinero que de otro modo habría pagado sin ni siquiera darme cuenta de que podría habérmelo ahorrado, y lleva menos de un minuto.

Casi siempre, mis ahorros más significativos provienen de las reclamaciones al seguro médico que han sido procesadas de manera incorrecta. Hace poco, mi seguro rechazó los costos de una revisión física rutinaria porque pensó erróneamente que ya me la había hecho este año. Me costó múltiples llamadas, pero finalmente retiraron el cobro. Realizar un seguimiento con el servicio de atención es molesto, pero tus ahorros pueden merecer el esfuerzo. Revisar el extracto de tu tarjeta de crédito o de cualquiera de tus seguros por posibles errores puede ayudar a que te des cuenta de los problemas. Cuando mandas un correo electrónico o llamas para investigar, asegúrate de tomar notas, sé persistente y, si es necesario, quéjate del problema públicamente en las redes sociales como Facebook o Twitter, asegurándote de «etiquetar» a la empresa para maximizar el impacto. No me gusta avergonzar públicamente a las compañías enfrente de los clientes, pero si no están solucionando un error, hablar de ello en un foro público puede ser la única forma de motivarlos para que lo hagan. (Sólo cuídate de no realizar declaraciones difamatorias que podrían ponerte en una situación de vulnerabilidad en caso de juicio). Este enfoque de las redes sociales me ha ayudado a conseguir reembolsos en la factura de cable de Comcast y una actualización rápida de mi compañía eléctrica con relación a la reinstalación de la electricidad tras una tormenta. Para una mayor ayuda a la hora de ver errores o posibles fraudes con tu tarjeta de crédito, puedes descargar BillGuard, una aplicación que se basa en una colaboración abierta entre más de un millón de miembros para localizar problemas y resolver disputas entre clientes y compañías.

Como último recurso, si la empresa falla en resolver la disputa contigo, incluso después de exponerla públicamente en las redes sociales, te recomiendo que hagas una queja oficial con el gobierno federal (la Oficina para la Protección Financiera del Consumidor de Estados Unidos tiene un sistema de seguimiento de reclamaciones digitales para problemas relacionados con la industria de los servicios financieros) o a través de Better Business Bureau [entidad sin fines de lucro que lucha por unos negocios óptimos], un grupo de la industria. Tras haber agotado todos los recursos disponibles para conseguir un certificado de nacimiento nuevo y corregido para mi hijo recién nacido (expedido por una compañía privada que tiene un acuerdo con el gobierno del distrito de Columbia), formulé una queja mediante Better Business Bureau. El problema, que había persistido durante meses y requerido varias llamadas y cartas en mi somnolienta situación, fue resuelto de manera prácticamente inmediata. (Por cierto, se aplica la misma estrategia a cobrar, en caso de que trabajes por cuenta propia o por un contrato que no implique un depósito directo de manera estable. A menudo tienes que hacer un seguimiento a los pagos con la misma determinación que dedicas a recibir tu dinero de los comerciantes. Aunque, la recompensa lo merece porque pone literalmente dinero en tu cuenta bancaria).

Por lo general, la estrategia consiste en hablar en el momento adecuado y no malgastar tiempo o energía cohibiéndose. Una vez vi cómo un joven trajeado, de treinta y tantos años, negociaba el precio de su capuchino con el camarero en mi cafetería favorita. Había traído su propia taza, lo que le pareció que le calificaba para obtener un descuento. No lo obtuvo, pero a nadie le importó que lo pidiera. Nosotras las mujeres necesitamos más de ese sentimiento de legitimidad en nuestras propias vidas, el tipo de actitud que nos lleva a solicitar un mejor trato para todo, desde café hasta automóviles. De otro modo, derrochamos el dinero que pertenece a nuestras familias.

ENTRENAMIENTO INTENSIVO SOBRE GASTO

Hace varios años, conocí a una joven —llamémosla Emily— que era una adicta a las compras que se estaba rehabilitando. Me confió esa información por casualidad cuando estábamos en un partido de béisbol patrocinado por la empresa en que trabajaba, como si me estuviera contando que prefiere el chocolate caliente al café con leche. Sin embargo, conforme hablábamos más se volvió cada vez más evidente que la experiencia todavía era una carga pesada en su vida diaria y que incluso había llegado a amenazar sus relaciones más cercanas.

Su adicción a las compras, me explicó, derivaba de una falta de autoestima que tenía sus orígenes en una mala relación. Comprar un nuevo vestuario la daba una sensación de confianza temporal y la hacía sentirse más bella, me relató. Pero tras dejar esa relación y casarse con su comprensivo marido, continuó con su adicción. Se vio a sí misma metiendo bolsas a escondidas en el armario para que su marido no viera todo lo que había comprado y acumulando unas facturas de la tarjeta de crédito enormes, que no se podía permitir. Finalmente, con la ayuda de su esposo tras sincerarse con él, dejó de depender de las compras para sentirse bien y adoptó una relación más sana con el dinero.

Dejar marchar a los hábitos malos, incluso cuando sabes que necesitas hacerlo, puede ser doloroso, especialmente porque a menudo esas rutinas han crecido a raíz de unos fuertes sentimientos y creencias acerca de nosotros mismos. Kerry Cohen, la editora de *Spent: Exposing Our Complicated Relationship with Shopping* [Consumo: nuestra complicada relación con las compras al descubierto], una colección de ensayos sobre compras escritos por mujeres, me introdujo en esa cuestión. «A menudo gastamos porque estamos intentando llenar una necesidad profunda, incluso un dolor que se remonta a nuestras memorias más tempranas», dice. En los ensayos, las mujeres recuerdan comprar cosas, y derrochar, una y otra vez porque están intentando sentir el mismo tipo de amor que solían sentir durante la infancia, cuando sus padres las cuidaban y compraban lo que necesitaran.

En su libro, Kerry comparte que tras el divorcio de sus padres cuando ella era joven y cuando su madre se mudó a otro país, comprar se convirtió en una manera de sentirse querida. Recuerda que su padre iba de compras con ella a grandes almacenes sin sentirse culpable. Por ello, como adulta y madre, se vio a sí misma retomando de nuevo las compras cuando atravesó por su propio divorcio.

A menudo, controlar nuestro consumo significa lidiar con una necesidad más profunda, cuidarnos emocionalmente y forjar una sensación de seguridad y autoestima. «Cuando siento ese deseo de comprar y sé que no puedo o no debo hacerlo, observo lo que me está pasando emocionalmente o a otro nivel y trato de cuidar esa parte. A veces, sencillamente significa observar todo lo que tengo y sentirme bendecida por ello», dice. (Kerry también cuenta que habla con sus hijos constantemente acerca de resistir los mensajes publicitarios para ayudarles a romper el ciclo). Cultivar un sentimiento de gratitud por todo lo que tienes es algo que he escuchado una y otra vez a las mamás a las que he entrevistado.

Sin embargo, cambiar hábitos toma su tiempo y adoptar pequeñas medidas, como recortar mes tras mes el presupuesto para las compras a la mitad hasta que se ajuste a tu plan, es más fácil que de repente no permitirte ningún zapato más. Charles Duhigg, autor de *El poder de los hábitos*, dice que tienes que premiarte cuando estés reemplazando un mal hábito. En vez de simplemente privarte de una fuente de placer para ti, regálate algo igual de divertido para aumentar la probabilidad de que el hábito se adhiera. Así que en vez de comprar sin pensar lo ofertado en tu iPhone por la noche, encuentra una serie nueva de televisión para disfrutar, busca una revista o lee un buen libro.

Sin embargo, las mamás no pueden dejar de comprar completamente ya que siempre estamos adquiriendo productos para nuestros hijos y nuestros hogares. Algunas mañanas siento que, apenas me levanto de la cama, necesito comprarle una barra de protector solar a mi hijo para la escuela o unos pañuelos para mi pequeña. Ser selectivas sin ser tacañas es nuestro desafío diario. A veces pienso que las compras para mis hijos y para mí son realizadas por distintas partes del cerebro; puedo gastar fácilmente cincuenta dólares en camisetas nuevas para mi hija con unos clics en mi computadora, mientras que agonizo cuando tengo que comprar una camisa nueva de trabajo por el mismo precio para mí misma. (Para más ayuda a la hora de analizar una compra "necesaria" frente a un «malgasto de dinero», echa un vistazo a «Control del monedero: qué preguntarte antes de comprar», una serie de preguntas en el manual que aparece al final del libro).

Es especialmente importante que te comprometas a cambiar la tendencia al gasto, tú y tu familia, si acarreas mes tras mes cualquier tipo de deuda de la tarjeta de crédito. Centrarte en todo a lo que quieres decir que «sí», en vez de a lo que te estás negando constantemente, también puede ayudar. Cada vez que dices «no» a un nuevo par de zapatos, estás diciendo que sí a una mayor cuenta de ahorros, a una actividad futura con tu hijo o a, quizás, una nueva vivienda un día. Independientemente de lo que esté en tu lista de «síes» (discutiremos con más detalle tus sueños financieros y de otro tipo en el próximo capítulo), te acercas a ellos cuando optas por no hacer más derroches a corto plazo. Si eres una persona visual, incluso podrías hacer un collage con esos objetivos y mantenerlo cerca para recordártelos cuando sientas la tentación.

MAMÁ LISTA, MAMÁ RICA
REGLAS DE LAS TARJETAS DE CRÉDITO

LAS TARJETAS DE CRÉDITO son como los novios colegiales: algunos son fiables y te apoyan, pero la mayoría no merecen tu tiempo (ni tu dinero). Aunque no hay ninguna tarjeta que sea la mejor para las mamás, un par de principios orientadores te ayudarán a asegurar que maximices los beneficios al mismo tiempo que minimices tus costos. Sitios web de comparación como NerdWallet.com o CreditCards.com también pueden ayudarte a encontrar la tarjeta que te haga feliz. (Algunos periódicos en Internet muestran comparaciones de tarjetas de crédito y otros recursos financieros). Evita cuotas anuales. Las tarjetas con tarifas anuales, incluso para obtener beneficios de aerolíneas que sabes que utilizarás, pocas veces valen su precio. Esto es así porque prácticamente siempre puedes tener esas prestaciones por menos del costo de las tasas anuales.

Revisa la tasa de interés. Si acumulas alguna deuda, entonces tiene sentido utilizar una tarjeta de crédito que ofrezca el menor interés disponible, de manera que minimices tus pagos mensuales al mismo tiempo que elaboras un plan para pagar la deuda.

Obtén bonificaciones. Si pagas la totalidad de tus facturas cada mes, entonces puedes aprovecharte de los beneficios de la tarjeta de crédito sin pagar el precio, incluyendo la protección contra el robo de identidad y el programa de puntos. Asegúrate de usar una tarjeta que te ofrece recompensas que aprovecharás, como devolución de efectivo o tarjetas de regalo para tus tiendas favoritas. Si tienes opciones de recompensa, normalmente lo más eficiente es el efectivo, depositado directamente en tu cuenta bancaria o canjeado por crédito en tu tarjeta.

Protégete. Muchas tarjetas vienen con protecciones adicionales como seguro para viajes y, si eres viajante habitual, utilizar esas tarjetas podría ahorrarte dinero.

Mejora tu puntuación. La calificación crediticia, que determina el tipo de préstamo que recibes para cualquier cosa, desde una hipoteca hasta un coche, se ve afectada por el historial de tu tarjeta de crédito, así como por otro tipo de facturas. Asegúrate de mantener tu puntuación tan elevada como sea posible pagando a tiempo cada mes en todas tus cuentas. Una vez al año como mínimo, obtén tu informe crediticio a través de AnnualCreditReport.com para comprobar si ha surgido algún error. Revisa el extracto de tu tarjeta de crédito cada mes para comprobar que todos los cargos son correctos. A menudo, el primer signo de robo de identidad es un cargo erróneo.

Paga tu deuda. Las mamás listas no acarrean una deuda de la tarjeta de crédito porque eso es costoso y su existencia sugiere que algo está fuera de control con tu gasto. Tienen fondos de ahorros de emergencia para cubrir costos inesperados como una factura de hospital o la reparación de un auto y no gastan su dinero pagando intereses y cuotas de la tarjeta de crédito. Si tienes una deuda, elabora un plan para pagarla durante el próximo año, recortando costos y dirigiendo el dinero hacia la deuda, comenzado con las cuentas con un mayor tipo de interés.

No tienes por qué adoptar una actitud espartana hacia tus posesiones materiales ni incluso denegarte los placeres de esta sociedad dirigida por el consumo. Algunas de mis mejores compras del año pasado fueron materiales: un nuevo bolso que me ayuda a organizarme, una botas cómodas y estilizadas, además de ropa nueva para entrenar. Algunas veces, las mamás estamos tan ocupadas comprando cosas para nuestros hijos que nos olvidamos de gastar en nosotras, incluso en aquellas cosas que pueden mejorar nuestra vida familiar en general. En una ida al supermercado a buscar un artículo que había olvidado comprar, recuerdo que vi a todas las mamás metiendo bolsas al maletero de sus automóviles en el desolado aparcamiento y no pude evitar pensar qué otra cosa podríamos estar haciendo con nuestro tiempo. Por aproximadamente diez dólares, podemos hacer que lleven nuestras provisiones a casa y pasar más tiempo jugando con nuestros hijos, haciendo ejercicio o terminando un proyecto del hogar. Cualquier cosa que nos ayude a reducir nuestro propio estrés e incremente nuestro bienestar es también una inversión para nuestras familias.

Estos consejos surgieron a partir de conversaciones con mamás sobre sus hábitos de compra:

- Céntrate en comprar aquellos productos que mejoran tu vida de alguna manera. También puedes reducir el desorden de tu casa y mantener la factura de tu tarjeta de crédito baja si evitas comprar cosas que ni tú (ni tu familia) usarán realmente.

◆ Invierte en servicios que te ahorran tiempo, energía y mejoran la vida en familia, como las entregas con Amazon Prime.

◆ Da la cara por ti y tu familia, hablando alto cuando te cobran injustamente o recibes un producto dañado o un servicio poco satisfactorio.

◆ Haz tareas para cuidarte que no conlleven un gasto inmenso, como hacer ejercicio, leer, cocinar y actividades artísticas. Gasta más en experiencias que en cosas.

◆ Derrocha de manera ocasional en productos que te hagan sentir bien. Las mamás listas hacen espacio en su presupuesto para estímulos ocasionales, ya sea el último álbum de Taylor Swift o un nuevo hidratante. Conozco a una mamá que dice que su salud mental depende de la cita mensual para su depilación cada domingo por la mañana en el spa de su localidad. Cada una tiene el suyo. Mi indulgencia favorita de mamá ocupada engloba aprovechar el descanso de comer para una pedicura rápida y comprar caprichos de belleza mensuales por diez dólares en Birchbox.

◆ Obtén el precio más barato posible por los productos a través de compras inteligentes, incluyendo utilizar lo último en aplicaciones para comparar precios y páginas web que te informan acerca de los precios más bajos. Antes de realizar cualquier compra digital, revisa el sitio web para buscar anuncios relacionados con descuentos o códigos de envío gratuito. Si no aparece nada, busca el nombre del comercio y la palabra «cupón» en Internet; a menudo te conducirá a un código de descuento. Yo misma ahorré un 10% en artículos nuevos de cama para mi hijo simplemente inscribiéndome en el boletín de la compañía (e inmediatamente después añadí el correo a mi correo compilatorio diario a través de Unroll.Me).

◆ No malgastes dinero en cuotas de tarjetas de crédito o en tipos de interés; en vez de eso, paga las facturas por completo cada mes y a tiempo a través de pagos automáticos.

AHORRA COMO MAMÁ OSA

Ahora que hemos racionalizado nuestros hábitos de compra, es el momento de aprovechar ese dinero administrando nuestros ahorros. Deberíamos poder acceder fácilmente a los ahorros a corto plazo o a cualquier dinero que queramos para emergencias y gastos mensuales a través de una cuenta líquida de bajo riesgo (cuenta de ahorros). Por definición, implicará un tipo de interés bajo, pero eso no significa que tengas que renunciar a recibir los beneficios de tu cuenta de ahorros. Tu cuenta bancaria principal debería estar protegida por la Corporación Federal de Seguro de Depósitos o FDIC, por sus siglas en inglés (que significa que se aseguran hasta 250.000 dólares); carecer de tasas mensuales o anuales; contar con un interfaz digital para transferencias fáciles, poseer una aplicación segura para tus dispositivos móviles y ofrecer servicios automatizados como transferencias a cuentas con un tipo de interés mayor y pago de facturas. Un servicio como MaxMyInterest.com mueve tu dinero automáticamente a la cuenta disponible con un tipo de interés mayor al mismo tiempo que mantiene la protección del FDIC. Una cuenta secundaria para ahorros y gastos de emergencia durante los próximos años también es una cuenta líquida sin tasas y de bajo riesgo que obtiene rendimiento, aunque sea bajo. Los fondos del mercado de valores pueden funcionar bien. (Los ahorros e inversiones a largo plazo deben pertenecer a valores más agresivos, que discutiremos en el capítulo 2).

Una cooperativa de ahorro y crédito puede ser una buena opción para tus ahorros a largo plazo, en caso de que, como la mayoría de los estadounidenses, tengas acceso a una (aSmarterChoice.org puede enseñarte cuáles). Las cooperativas tienden a ofrecerte tipos de interés un poco más altos en ahorros (así como más bajos en préstamos) y protecciones similares.

Si las tarjetas de crédito son como novios, entonces los bancos son como maridos. Por lo general te acompañan en los trayectos largos, así que quieres elegirlos con cuidado y considerar muchos factores, no solo los superficiales. Si tu banco actual no satisface tus necesidades porque te cobra algunas tasas o no te gusta su interfaz digital, entonces vete de compras para buscar uno mejor. Te lo mereces. Las páginas web de comparación como Google Compare, Bankrate.com y FindABetter-Bank.com pueden ayudarte a encontrar al Señor (Banco) Perfecto.

Ahorrar bien es una habilidad, como encontrar un estilo de traje de baño que te favorezca o desarrollar la paciencia para soportar los berrinches de tu hijo de dos años. Una vez que tengas un pozo de ahorros, puedes concentrarte en lograr tus mayores objetivos personales y familiares, el tema del próximo capítulo.

MAMÁ LISTA, MAMÁ RICA
PASOS A DAR

1. Dedica un poco de tiempo a reflexionar sobre tu consumo durante esta semana. ¿Derrochaste en productos que te hicieron sentir mejor o mejoraron tu vida de algún modo? Si te descubres utilizando las compras como «estimulante», entonces busca un refuerzo de serotonina menos caro, como una taza de café o un baño caliente con burbujas. Gastar en experiencias más que en bienes materiales tiende

a generar el mayor empuje a nuestros niveles generales de felicidad y crea memorias familiares duraderas. Una de las mejores formas de arrojar luz sobre tu consumo actual es hacer un seguimiento de cada gasto durante un mes. Escribe todo lo que compras, desde comida hasta champú y café. (Puedes hacer esto de manera manual o utilizar una herramienta gratuita como Mint.com para que lo haga por ti). Quizás te sorprendas al descubrir que cientos de dólares al mes fueron a parar a algo de lo que ni siquiera disfrutaste o a juguetes con los que tus hijos jugaron una sola vez y después se olvidaron de ellos.

2. Usa herramientas digitales para comparar que te ayuden a ahorrar dinero en grandes compras y obtén descuentos en serie para compras del hogar habituales como jabón, toallitas de papel e incluso artículos para almacenar. Usar Amazon Subscribe and Save y otros servicios similares puede reducir los costos mensuales.

3. Disminuye el desorden y la tentación en tu bandeja de entrada del correo electrónico con un servicio como Unroll.Me o dándote de baja de los correos promocionales de los comerciantes.

4. La próxima vez que un comercio, una compañía de seguros o un negocio pequeño te cobre de más o te facilite un producto o servicio mediocre en algún sentido, envía un correo explicando la situación y solicitando un reembolso. Haz un seguimiento por teléfono o a través de las redes sociales.

5. Si tienes deudas en tu tarjeta de crédito o una tendencia a comprar de más, busca ayuda. Antes de comprar algo, pregúntate si todavía lo apreciarás en seis meses y espera, como mínimo, veinticuatro horas antes de comprar

artículos no esenciales. Asimismo, mantente al tanto de tu estado crediticio revisando tus informes de crédito anuales gratuitos (en annualcreditreport.com) y corrigiendo los errores.

6. Gestiona tus ahorros como si fueran las joyas de la corona porque, para ti y tu familia, lo son. Asegúrate de que se encuentran en un lugar seguro, fiable y accesible fácilmente, y que están obteniendo, como poco, un rendimiento modesto. Automatiza transferencias mensuales desde tu nómina hasta tu cuenta de ahorros y una vez al año revisa su crecimiento para considerar si es hora de transferir una parte a una cuenta de inversiones a largo plazo más agresiva.

2

TOMA LAS RIENDAS

El camino para convertirte en una mamá inteligente comienza mucho antes del nacimiento de tu primer hijo e incluso antes de que aparezcan las rayitas dobles del test de embarazo. Del mismo modo que las vitaminas prenatales nos ayudan a construir nuestras reservas de hierro y ácido fólico, la adopción temprana de algunos hábitos financieros nos hace más fuertes y nos prepara mejor para el impacto financiero de la vida familiar. Muchas de las madres a las que entrevisté llevan ahorrando dinero desde su primer trabajo, practicando hábitos frugales hasta convertirlos en su segunda naturaleza e incluso invirtiendo cuando todavía estaban en sus veintes, con sus futuros en mente.

Cuando pregunté a dos mamás, ambas abogadas en la mitad de su treintena, que aportaban el mayor sueldo dentro del matrimonio y que tenían siete hijos entre ambas, cómo llegaron a estar tan cómodas con el dinero, hablaron de los primeros trabajos que tuvieron como adolescentes. Una de ellas me explicó la manera en la que firmó una bonificación por suscripción que valía el doble que un coche de lujo. Dijo que como hija de un matrimonio modesto de los suburbios acomodados de Washington, D.C., comenzó a trabajar en una tintorería para aprender a gastar dinero. Eso, dijo, la enseñó el valor del trabajo duro y sembró en ella un deseo profundo de encontrar un camino a la larga hacia trabajos más poderosos y lucrativos. Se lo tomó con determinación y fue a la universidad, después al colegio de abogados y acabó obteniendo empleos en firmas prestigiosas de abogados y empleos impresionantes de oficina. Hoy, casada con un profesor, administra el dinero de la familia, incluidas las inversiones. «Mi marido no sabe ni siquiera cómo entrar en nuestra cuenta corriente», bromea. (Por supuesto, él debería asegurarse de aprender las contraseñas, para poder gestionar sus asuntos en caso de necesidad, tal y como debería cualquier mamá).

La otra abogada, Lindsay Kelly, contó una historia similar. Creciendo con unos padres que nunca terminaron la escuela secundaria, pronto se comprometió a alcanzar el éxito y comenzó a trabajar en el metro cuando era adolescente. Se encargó de cuadrar las finanzas de su mamá y convenció a sus padres de que la llevasen a Disney World cuando estaba en décimo grado mostrándoles un presupuesto que había creado ella sola. También es la que administra el dinero y las inversiones en su propia casa; como dice, su marido no controla qué facturas pendientes hay, ni cuándo o qué cuenta utilizar para pagarlas.

Ninguna de las dos mujeres podía recordar a sus padres hablando explícitamente de dinero con ellas, pero ambas les vieron trabajar duro y vivir dentro de sus posibilidades. Las dos querían más para ellas y sus propias familias —éxito, dinero, prestigio— por lo que se dedicaron enteramente a esa ambición, y hoy ambas están recogiendo los beneficios. Piden más dinero cuando aceptan trabajos nuevos, invierten con agresividad pensando en sus planes de futuro y ahorran más de lo que gastan; unos hábitos que practican desde la adolescencia. No pierden tiempo preocupándose de si «valen» sus ingresos elevados o de si se merecen la seguridad financiera que han construido, y no ceden la gestión del dinero a sus maridos. Simplemente lo hacen ellas mismas, sin contemplaciones.

Sin embargo, para muchas mamás, nuestra relación con el dinero es tan complicada y tensa como la que mantenemos con nuestros cuerpos. Tenemos asuntos oscuros en los que trabajar, algunos de los cuales se remontan a la infancia y a cómo observábamos a nuestras mamás gestionar o no sus finanzas.

Incluso mis entrevistas con las mamás más exitosas, mujeres que veo como ejemplos a seguir, mostraron una y otra vez que a menudo las mujeres tienen que pasar por grandes dificultades financieras antes de encontrar su camino. Gail Sheehy, autora del *best seller Transiciones,* recuerda vivir de espaguetis durante semanas cuando trabajaba como periodista y mamá soltera en su veintena y principios de sus treintas, en la época en la que empezó a escribir lo que se convertiría en su libro superventas (y su mayor ganancia). «Ser madre soltera en la década de los sesenta no era agradable y yo era demasiado orgullosa para pedir manutención», dijo. «Realmente tuve que asumir que yo era la que traía el pan a casa para mi hija y para mí», continuó. Pagaba 139 dólares de alquiler al mes y contrató a un ama de casa que también hacía las veces de madre de su hija pequeña cuando viajaba para hacer sus reportajes. Estima que vivió con 15.000 dólares durante dos años. «Me quedaba sin dinero», recuerda.

Todo eso cambió con la publicación de *Transiciones*, que vendió millones de ejemplares en todo el mundo. Compró para ella y su hija lo que por entonces era una granja antigua y económica en East Hampton, que sería su refugio durante los siguientes treinta años, antes de venderla por unos beneficios considerables. Aunque ha lidiado con otros desafíos económicos, en especial cuando tuvo que reducir sus horas de trabajo para cuidar de su marido enfermo, Clay Felker, Sheehy, ahora en la mitad de sus setenta, disfruta de una seguridad financiera relativa procedente de las ventas de su libro, así como del hecho de que continúa trabajando mucho más tarde de lo que muchos consideran la edad de jubilación.

Sin embargo, la mayoría de las mamás no disfrutan de beneficios inesperados de millones de dólares. De hecho, una de las más ricas que conozco (en el sentido más pleno de la palabra) es una mamá que está orgullosa de sus ingresos relativamente modestos como profesora y escritora. Me encontré por primera vez con Alison Singh Gee en las páginas de *Entertainment Weekly*, que hablaban de su memoria, *Where the Peacocks Sing* [Donde los pavos reales cantan], con un adelanto que mencionaba a una joven periodista en Hong Kong que conoce a su «Príncipe azul» y lo sigue hasta la India. Descargué el libro en Kindle esa noche.

Cuando leí su historia acerca de cómo conoció a su marido y viajó con él al castillo deteriorado de la familia en un pueblo indio, me sorprendió la manera en la que gran parte de la historia trataba realmente sobre cambiar algunos hábitos financieros muy malos. Unas costumbres tan arraigadas que parecían empujarla a los brazos de hombres que no eran adecuados para ella y a mantener una vida caracterizada por el materialismo y no por algo más profundo y significativo. Gastó mucho durante su veintena llevando un estilo de vida elevado como expatriada en Hong Kong, saliendo con hombres que la colmaban de regalos y financiaban su estilo de vida lujoso. Sin embargo, lo fascinante de su historia es que cuando conoce a su futuro marido, Ajay, rechaza conscientemente su vida de restaurantes elegantes y arte caro. Se da cuenta de que Ajay tiene algo distinto, algo mucho mejor que ofrecer, su amor y, accidentalmente, su estatus como realeza india.

El proceso de adaptarse a un estilo de vida nuevo y más económico no sucedió rápidamente y ella reconoce la dificultad. «Tenía que confrontar el hecho de que ya no iba a ser fácil. Fue tremendamente doloroso», me dijo por teléfono cuando hablamos. Se tuvo que acostumbrar a usar autobuses públicos en vez de taxis y a cocinar en lugar de comer fuera todo el tiempo. Empezó a reemplazar por paseos el tiempo que dedicaba a irse de compras.

Alison dice que su codicia por los artículos materiales se remonta a su infancia, cuando, según comenta, «sentía que nunca era suficiente»; suficiente amor o porciones de pizza. A veces, no había demasiado dinero para unos zapatos nuevos, incluso cuando los necesitaban, pero otras veces su padre derrochaba en langostas. «Heredamos tanto de nuestros padres. No solo nuestra genética y nuestra casa, sino también su punto de vista acerca de las finanzas», dice. Sus padres siempre le dijeron que se casara con un rico y no le enseñaron a hacer un presupuesto ni a vivir de sus propios recursos.

Al fin, aprendió a cultivar un sentido profundo de seguridad y gratitud en base a la vida que construyó con su marido en Los Ángeles, que incluye ser la mamá de su hija y una nueva carrera como instructora de escritura creativa en un programa de ampliación de la UCLA. Conscientemente busca el sentimiento de abundancia apreciando lo que tiene. «Quizás lo que realmente buscamos es la riqueza de la experiencia y una vida familiar. ¿Cuán ricos somos al tener la vida creativa, amorosa y aventurera que disfrutamos?», dice. A veces, después de la cena, habla con su hija preadolescente acerca del agradecimiento por lo que tienen: «Tenemos buena comida, pero la cocinamos en casa. Podemos poner nuestros propios ingredientes en ella y recolectar hierbas del jardín, podemos sentarnos en el comedor durante horas. Lo mismo con ver películas: podemos gastar de treinta y cinco a cuarenta dólares en ir al cine, o podemos poner un DVD, hacer palomitas y ver la película juntos». Todo eso, y hablar con su hija al respecto, ayuda a crear una sensación de riqueza que no se basa en bienes materiales, sino en la vida familiar, cuenta.

Alison dice que ahora «cree en menos cosas pero mejores. Sé que la experiencia y la salud son las más importantes». Ella y su marido son dueños de su casa, lo que según ella es un añadido a «nuestra sensación de lujo cotidiano» y que en estos momentos están separando ahorros para una renovación importante. Todavía compra vestidos de Anthropologie, pero solo cuando están en rebajas. «Así es como consigo permitirme el lujo, siendo una compradora inteligente».

TOTALMENTE INVOLUCRADOS

No importa dónde comiences, tanto si ya eres mamá de adolescentes como si estás a punto de dar a luz, adoptar el camino de una mamá lista empieza por tener claros tus objetivos.

Estos crean el espacio para todo lo demás de lo que estamos hablando. Tus objetivos son como tu par de leotardos favorito: algunos son coloridos, otras bastante básicos y siempre se están estirando y cambiando para adaptarse a tu vida. Deberían ser cómodos, pero también empujarte hacia la mejor versión de ti misma de forma que hacer ejercicio sea más fácil o que no te estreses cuando tu hijo se limpia sus manos sucias con ellos. Pero algunas veces necesitas unos nuevos. Como poco, deberías revisar periódicamente si es hora de actualizarlos. Ni siquiera los mejores objetivos, o leotardos, duran más de cinco años.

Tiendo a evaluar mis metas al menos una vez al año, normalmente en otoño, cuando el calendario para el nuevo año se acerca. Pido un día libre, organizo la indumentaria de invierno de mis hijos y pienso en dónde quiero estar dentro de uno, cinco y diez años. ¿Qué me va a hacer sentir que vivo una vida «rica», no solo financieramente, aunque eso sea parte de ello? ¿Me sentiré «enriquecida» por tener 10.000 dólares más en el banco, llevando a mi familia a la playa o cambiando de carrera? Los objetivos a cinco y diez años son normalmente bastante difusos, pero suelen aclararse a medida que pasa el tiempo: quiero ganar más dinero y tener más efectivo en el banco. Quiero llevar a mi familia a Japón e Irlanda. Las metas para el próximo año están mucho más definidas: escribir este libro. Hablar de dinero en dos o más eventos. Cocinar unas comidas más saludables para mis hijos, con dos verduras en cada cena. Correr y practicar yoga cuatro veces por semana. Dormir entre siete y ocho horas cada noche. Tener dos salidas al mes con mi marido. Destinar como mínimo el 15% de mis ingresos de mi cuenta para la jubilación y empezar un fondo de ahorros para la universidad de nuestros dos hijos.

Es probable que tus objetivos no tendrán que estar explícitamente relacionados con el dinero, pero prácticamente todas nuestras metas están vinculadas de algún modo con las finanzas. El dinero es el trasfondo de nuestras vidas; es lo que nos permite hacer cosas o limita nuestras opciones. Y algunos planes, como un cambio de carrera, afectan a nuestros ingresos. Escribe tus respuestas a las siguientes preguntas en un cuaderno que tengas a mano para recordarte tus objetivos.

¿Qué te hará sentirte una mamá «rica»? ¿Cómo defines el patrimonio, financiero y de otro tipo? Algunos de los ejemplos incluyen alcanzar cierto nivel de ahorros, viajar y opciones de estilo de vida como permitirte un colegio privado para tus hijos, ir de vacaciones una vez al año o hacer una donación significativa a una causa que lo merezca.

¿Qué quieres conseguir, en lo financiero y en otro aspecto, el próximo año? Algunos ejemplos abarcan ahorrar 10.000 dólares, poner 15.000 dólares en una cuenta de ahorros o conseguir un trabajo nuevo.

¿Y qué decir de los próximos cinco años? ¿Diez años? Algunos ejemplos incluyen hacer un viaje familiar grande, conseguir una nueva certificación profesional o comprar una casa nueva.

Una vez especificas tus objetivos, es más fácil ver qué aspecto de la gestión financiera abordar primero. Si tu gran sueño a largo plazo es llevar a tu familia al extranjero en cinco años, entonces deberás empezar a poner dinero en una cuenta de ahorros o una cuenta de inversiones conservadora. Si tu prioridad principal es pagar la deuda de tu tarjeta de crédito, entonces tendrás que hacer pagos mensuales antes de destinar el dinero a objetivos de ahorro a largo plazo. Si planeas un cambio profesional que disminuirá tus ingresos, querrás modificar tu presupuesto para que ahora refleje esa reducción en tu flujo de efectivo. O puede que al mirar tu lista decidas que esos objetivos no se podrán realizar únicamente con tus ingresos, por lo que es hora de comenzar un negocio o, de lo contrario, incrementar tus ingresos (o limitar tus gastos). Reconocer y expresar lo que necesitas es el primer paso para lograrlo.

A menudo, ahorrar también es un gran componente. Ahorrar es un hábito, como comer brócoli con regularidad. Si no fuiste educado pensando en las verduras al horno como una guarnición deliciosa, será difícil meterte la idea cuando seas adulto. Si no, que se lo pregunten a George H. W. Bush. Todavía puedes hacerlo e incluso desarrollar tu propia receta personalizada (¿alguien quiere hojuelas de pimientos rojos?), pero tendrás que hacer un esfuerzo y quizás comprar algunos libros de cocina. (Los estudios demuestran que esta teoría de los hábitos durante la infancia es realmente cierta, tanto para la comida como para el dinero. Los investigadores de la Escuela de Medicina y Ciencias Bioquímicas Jacobs, de la Universidad de Búfalo, han descubierto que a menudo los hábitos alimentarios formados antes de un año continúan durante la infancia e incluso la edad adulta, así como los infantes que se acostumbraron a comer dulces y comidas grasas continuaron queriéndolas cuando se hicieron mayores. Del mismo modo, el banco HSBC descubrió que tres de cada cuatro «ahorradores activos», que tienden a ahorrar dinero pensando en las vacas flacas, afirman que sus padres les enseñaron a ahorrar a una edad temprana).

Una parte de cada sueldo que recibes debería destinarse directamente a ahorros a corto y largo plazo. La cantidad concreta ascenderá y descenderá en función de las demás cosas que estén sucediendo en tu vida, pero al menos una parte debería destinarse directamente a las pequeñas manos cálidas de tu futura tú; más sobre ella a continuación.

Antes de que fueras mamá (o futura mamá si estás embarazada en estos momentos), tu presupuesto era una combinación entre destinar aproximadamente el 35% a vivienda, el 20% a transporte, el 15% a comida y el resto a entretenimiento, salud, ropa, deudas estudiantiles, otras deudas y, finalmente, a ahorros.

Cuando los niños entraron en escena, ese presupuesto se vio afectado por unos gastos mayores en vivienda, comida y salud. La guardería o la caída de los ingresos si una persona se queda en casa también reclaman más efectivo. Entre tanto, la presión para ahorrar dinero es incluso más grande. No sorprende entonces que las mamás sientan una presión financiera. De acuerdo a un estudio sobre estrés financiero elaborado en 2015 por Financial Finesse, las madres con ingresos bajos y medios son el grupo que lidia con unos niveles mayores de estrés. Más de la mitad de las mujeres con edades comprendidas entre treinta y cinco y cincuenta y cinco años de edad que tienen hijos menores de dieciocho años en casa y ganan 60.000 dólares o menos presenta niveles de estrés altos o abrumadores. Las mamás son incluso un 40% más susceptibles de tener unos niveles de estrés más altos que los papás que ganan cantidades similares. (No sorprende, por tanto, que el grupo que presenta niveles menores de estrés financiero sea el de los hombres mayores de cincuenta y cinco años sin niños en casa y con ingresos que superan los 100.000 dólares anuales).

No es difícil entender por qué los niños pueden causar tanto desorden en nuestras vidas financieras. El Departamento de Agricultura de Estados Unidos (USDA, por sus siglas en inglés) estima que los bebés cuestan a una familia típica estadounidense 12.940 dólares cada año. Al mismo tiempo, encontrar la manera de ahorrar es fundamental. Nunca sabes lo que va a suceder en el futuro: tú (o tu pareja) podrían perder el trabajo. Podría surgir un gasto elevado e inesperado, como un refrigerador nuevo. Podrían surgir una enfermedad u otro embarazo.

Ahorrar debería ser tan reconfortante como la manta lujosa de cachemir que tienes. Si desviar dinero para tus ahorros y cuentas de inversión no es tan satisfactorio como introducir tu pie en unos calcetines suaves al final de un día largo, entonces será demasiado tentador darle otros usos a ese dinero, como gastarlo en un nuevo par de zapatos (menos reconfortantes, pero más estilizados). Si hoy por hoy destinas todo tu dinero para otras necesidades, entonces es el momento de analizar detenidamente qué puedes reducir (y juntos elaboraremos ese plan de acción en la próxima sección).

Si necesitas alguna motivación para llevar acabo esos recortes, tu nueva mejor amiga, tu «yo del futuro», puede ayudarte. Es hora de conocer la mujer en la que te convertirás algún día, aceptarla y honrarla. De acuerdo a un estudio elaborado por Hal Hershfield, profesor asistente de mercadotecnia en la Escuela de Administración Anderson, en la Universidad de California, mostrar a la gente fotos envejecidas de ellos mismos aumenta las posibilidades de que ahorren más dinero para el futuro. Esto es debido, explica, a que la gente tiende a desvincularse de su yo futuro, casi como si se tratase de un desconocido. Pero tras mirar fotos alteradas digitalmente de cómo lucirán dentro de cuarenta y pico de años, destinaron el doble del dinero de una hipotética ganancia imprevista de 1.000 dólares a ahorros a largo plazo.

Podemos llevar estos descubrimientos a la práctica empezando a conocer a nuestro futuro yo. Puedes comenzar descargando una aplicación envejecedora (hay muchas disponibles de manera gratuita o por una tarifa simbólica en Internet). Yo usé Aging Booth, que convirtió mi pelo castaño en canoso, hizo que mis labios fueran más finos y llenó mi cara de arrugas. Mis ojos eran lo único reconocible y fue aterrador. A no ser que suceda una tragedia, me convertiré en esa persona, y quiero que pueda permitirse todas las ofertas que desee. También puedes envejecer a tu esposo, si quieres contar con un respaldo extra durante tu misión ahorradora. (Aunque intenta no cometer el mismo error que yo y sacarle una foto cuando esté dormido y después compartir la inquietante imagen con él cuando despierte. Se puede enfadar).

La tecnología caprichosa no es la única manera de llevarse bien con esa bella anciana (tú). También puedes escribirle una carta, hacer que tu yo octogenaria escriba una carta al yo del presente, pasar más tiempo de calidad con tu abuela o hacer voluntariado en un centro de ancianos. Y siempre llegarás a la misma conclusión: esa señora va a necesitar algo de dinero, aun cuando eso implique hacer sacrificios extra hoy.

Es tu trabajo encargarte de ella, del mismo modo en que cuidas a tu familia hoy. Cuidarla también contribuirá a la estabilidad financiera de tu familia, de la que no tendrá que depender para obtener apoyo económico porque se estará encargando de sí misma, todavía organizando cenas a sus noventa años.

PLAN DE ACCIÓN

Para fortalecer tus ahorros y que así lleguen al nivel que te has puesto como objetivo, que debería ser entre el 10% y el 15% para la jubilación y del 5% al 10% para ahorros a corto plazo, puedes comenzar automatizando transferencias a tu cuenta de ahorros directamente desde tu nómina. (Cuanto antes empieces, más baja será la cantidad que tengas como meta. El Center for Retirement Research [Centro de estudios sobre la jubilación] en la Universidad de Boston afirma que si empiezas a ahorrar para la jubilación a los veinticinco años, puedes aspirar a destinar un 10% al año con vistas a retirarte a los sesenta y cinco años, pero aquellos que esperan hasta los treinta y cinco deben planear ahorrar un 15% anual). Probablemente tu banco te ofrezca la opción de realizar transferencias automáticas a tu cuenta de ahorros para tus ahorros a corto plazo, y si tienes la posibilidad de abrir una cuenta de jubilación 401(k) a través de tu trabajo, puedes configurar transferencias automáticas para tus ahorros a largo plazo. Para simplificar las cosas, puedes elegir un fondo con fecha límite (TDF, por sus siglas en inglés) para el día en el que probablemente te jubiles, o puedes seleccionar una combinación de fondos indexados (IF, por sus siglas en inglés) y fondos de bonos (BF, por sus siglas en inglés) ofrecidos por el proveedor de tu cuenta. (La creencia general es que debes ser más agresivo con tus inversiones en tus primeros años y poco a poco volverte más conservador, pero hablaremos de ello en profundidad en el capítulo 5: «Mamás inversoras»).

Se hará más difícil ahorrar una vez que hayan nacido tus hijos y también cuando crezcan, así que eso es algo que quieres comenzar cuanto antes, como usar la crema solar. Si estás empezando desde un punto en el que no tienes ningún ahorro, entonces puedes ponértelo fácil yendo poco a poco y empezando con retirar solo un 2% de tu nómina y después ir aumentando esa cantidad lentamente. Si ya estás ahorrando, pero no lo suficiente, entonces considera qué gastos puedes reducir para ahorrar más. Algunos de los objetivos más comunes son las comidas en restaurantes, los cuidados personales como la peluquería, ropa y otros gastos más flexibles. (No me entiendas mal, el cuidado personal es importante para las mamás, como ya lo hemos hablado, pero no justifica 200 dólares cualquier mes, a menos que ya estés alcanzando tu meta de ahorros).

Un estudio de la Rand Corporation basado en los patrones de gasto de 2.500 hogares sugiere que cuando la gente teme ser despedida, esos son exactamente los gastos que se recortan. Gastan un 14% menos en indumentaria, 11% menos en salir a comer fuera y otras formas de entretenimiento y un 12% menos en cuidados personales como cortes de pelo y pedicuras. Los padres y futuros padres pueden aprender de esa técnica. Aunque puede que no tengan miedo a ser despedidos, están a punto de experimentar una forma distinta de impacto financiero y uno que requiere más ahorros. Los investigadores del estudio señalan que hacer cambios poco a poco es mucho más fácil de gestionar que tener que mudarse a una casa más pequeña de repente por no poder pagar las facturas.

Los ahorros en alimentos derivan principalmente de cocinar más en casa en lugar de comer fuera. Otros ahorros vienen de pagar menos por ver películas y otras formas de entretenimiento, reducir el cuidado personal y comprar menos ropa. En función de tus hábitos de gasto actuales, podrías reducir en distintas áreas; por ejemplo, puede que los viajes, usar Uber o los gastos del gimnasio sean tu debilidad. Fíjate bien en lo que descubriste (capítulo 1) acerca del destino de tu dinero, de manera que puedas determinar hacia dónde apuntar. Tras haber hecho un seguimiento de tus gastos durante un mes o revisar la factura de tu tarjeta de crédito con detenimiento, puedes seleccionar las áreas que van a ser tu objetivo para poder destinar más dinero a tus ahorros.

Antes de continuar, tenemos que hablar de la deuda; si tienes alguna, especialmente de interés alto, como las contraídas con tarjetas de crédito, entonces es el momento de elaborar un plan para devolverlo cuando antes. Las mujeres suelen tener más posibilidades de acarrear una deuda de la tarjeta de crédito que los hombres; menos de tres de cada diez mujeres afirman pagar siempre su saldo cada mes, de acuerdo con una encuesta realizada en 2014 por BMO Harris Bank a más de 1.000 consumidores estadounidenses. La mayoría de nosotras tiene como mínimo alguna deuda; a menudo es lo que nos hizo llegar a donde estamos ahora, ya sea porque ayudó a pagar la carrera universitaria, un coche o incluso un viaje a las Bahamas. Si solo tienes una deuda estudiantil de interés bajo, entonces puedes ponerla en un segundo plano al mismo tiempo que continúas realizando pagos mensuales, pero cualquier otro tipo de deuda que se esté comiendo tu presupuesto mensual necesita ser zanjada más rápido que lo que te tome desmontar la cuna.

Para confrontar (y dominar) a ese demonio, primero haz una lista con toda la deuda que acumulas en estos momentos, junto con el ratio de interés que tiene. Ordena tus deudas empezando con la que tiene el interés más alto, para priorizar tu calendario de pagos. Si tienes una deuda de tu tarjeta de crédito, probablemente sea la más cara, con una media de tasas de interés que ronda el 17%, seguido de los préstamos para automóviles y cualquier otro tipo de préstamo personal. Las hipotecas y las deudas estudiantiles, dependiendo del tipo, pueden conllevar un ratio menor de interés, y siempre y cuando continúes pagando cada mes para proteger tu calificación crediticia, no hay tanta prisa por pagarlas del todo. Cuando estés estableciendo tu presupuesto, puedes dirigir una parte de tus ingresos mensuales hacia las deudas con un interés mayor, hasta que las hayas pagado completamente. Devolver las deudas con intereses altos es tal prioridad que quizás te convenga adoptar medidas a corto plazo más extremas, como reducir a cero las compras de ropa o las citas para cuidado personal hasta que la hayas liquidado. (Para una ayuda mayor con el cálculo de las cifras y el tiempo que te tomará acabar con la deuda, puedes probar calculadores de pago en Bankrate.com o CreditKarma.com).

El comodín en estas conversaciones son las ganancias, algo que prácticamente siempre se ve afectado por la maternidad y un tema que exploraremos detenidamente en los próximos capítulos. Cualesquiera que sean las decisiones que tomes en relación a tus horas y tu profesión, lo explicaremos en el capítulo 4, «Como una jefa». Una de las lecciones más importantes que aprender de otras mamás es exprimir tu capacidad de ingresos y protegerla con tanto cuidado como proteges tu cuerpo. Siempre estará allí, aunque tomes un descanso temporal de la fuerza laboral o reduzcas el número de horas, preparado para ser aprovechado e incrementado, de acuerdo a tus propias necesidades y deseos.

PLANIFICADOR DE DINERO

Mantener la organización, ya sea a través del sistema de archivo impreso que prefieras o mediante fichas y herramientas digitales, y dedicar tiempo periódicamente cada trimestre a examinar tus distintas cuentas financieras, revisar aspectos a completar y ajustar las cuentas e inversiones como sea necesario son de los hábitos que puedes adoptar que generan un mayor patrimonio. De hecho, cuando mi hermana Christina iba a graduarse en la escuela de medicina y se preparaba para su nueva vida como profesional, mi consejo principal fue el siguiente: compra un archivador.

Mi hermana tenía papeleo relativo a cuentas para los préstamos estudiantiles, ahorros para la jubilación, ahorros a corto plazo, tarjetas de crédito y todo tipo de papeles dispersados. Con todo ese desorden ante ella, difícilmente podía comenzar a tomar decisiones importantes, como cuánto dinero destinar a la cuenta para la jubilación. No podía decir cuándo caducaba su seguro médico o cuáles eran los beneficios que le ofrecía su trabajo porque encontrar esa información requería ordenar docenas de papeles primero. Le sugerí que organizara todos los documentos en un archivador o que se cambiara a un sistema digital como Mint (mi opción favorita para acabar con todo el papeleo), que le ayudaría a mantenerse al corriente de sus documentos y guardar todo en un mismo sitio. Tras solucionarlo, pudo comenzar a tomar decisiones más importantes sobre ahorros para la jubilación e inversiones.

Organizarse puede contribuir a cultivar otra habilidad que necesitamos adquirir lo antes posible: comodidad (y confianza) a la hora de gestionar dinero. Es una habilidad complicada porque en algunos sentidos, cuando llega el momento en el que queremos sentirnos cómodas con el dinero, ya se han puesto en movimiento muchas cosas: a menudo, nuestras actitudes y hábitos con las finanzas, así como nuestras tendencias a la hora de gastar y ahorrar, ya se han establecido. Estos patrones (que muchas veces provienen de nuestras familias) pueden cambiarse, pero antes tenemos que reconocerlos, tal y como hizo Alison Singh Gee.

Alison se sentó con su marido, Ajay, y habló de sus primeras memorias relacionadas con el dinero, una idea que tomó de un libro de autoayuda sobre finanzas. «Suze Orman sugirió escribir nuestros primeros recuerdos sobre dinero. Fue el ejercicio más importante que había hecho alguna vez», dijo. Su marido se dio cuenta de que había adoptado la actitud de que «el dinero te hace malo» al ser acusado falsamente de robar cuando era joven. Alison también recordó que una vez —a sus seis años de edad— mientras comía con su padre, su hermano pequeño y su abuelo, su papá se enfureció de repente y casi derribó la mesa. Su abuelo, un hombre de negocios exitoso, acababa de decir que solo dejaría herencia a sus sucesores varones, no a sus nietas.

Esa experiencia hizo que Alison decidiera que nunca le otorgaría al dinero ese poder sobre ella. Iba a estar por encima de ello. Obviamente no iba a gestionar de manera activa su dinero porque eso es lo que hacía la gente mala y podía dar lugar a enfrentamientos familiares explosivos como el que presenció cuando tenía seis años. Una vez que se dio cuenta de esas lecciones arraigadas sobre dinero que había asimilado cuando era tan pequeña, pudo seguir adelante. Solo entonces se dio cuenta de que gestionar su dinero era una cosa saludable por hacer.

Hablar directamente de dinero con las personas mayores de tu familia, incluidas tu madre y tu abuela, también puede ayudarte a superar cualquier incomodidad que te produzca el tema y a aceptar tu nuevo papel como directora general de finanzas de tu vida (y de tu familia). Cuando llamé a mi abuela de ochenta y nueve años a su comunidad de jubilados en Nueva Jersey para entrevistarla sobre su vida financiera, aprendí algunas cosas sorprendentes, que arrojaron luz a la austeridad que mi madre siempre mostró: cuando mi abuela se convirtió en madre a los veintidós años, apenas le alcanzaba el dinero para salir a cenar para celebrar su aniversario de bodas. Y eso se remontaba a cuando las niñeras costaban cincuenta centavos la hora y un menú de tres platos en un buen restaurante costaba cinco dólares. El trabajo de mi abuelo posibilitó un estilo de vida cómodo (aunque no lujoso) para una familia de cinco niños, pero ella no pudo sentirse financieramente segura hasta que volvió a trabajar cuando tenía cuarenta y un años. Se convirtió en agente inmobiliario cuando su hijo más pequeño empezó el colegio. Gran parte de sus ahorros provienen de las acciones que el abuelo dejó en su herencia hace cincuenta años y que ella nunca vendió. (También me ha enseñado incontables lecciones financieras a través de conversaciones menos formales: sé ahorrativa, nunca puedes tener suficientes anillos de diamantes. Ten tu propio dinero, incluso cuando estés casada. Llega a un acuerdo prenupcial cuando se contrae matrimonio más tarde en la vida. No regales la leche o si no nadie comprará la vaca... pero ese un tema para un libro distinto).

En el momento en que te sientas cómoda pensando y hablando sobre tu dinero, será más fácil compartir el trabajo con un compañero y reconocer las señales de alerta en posibles parejas, desde gastar demasiado hasta el secretismo con el dinero. Si ya has estado tomando decisiones por tu cuenta acerca de inversiones, pólizas de seguros y cuentas de ahorros, entonces será una transición natural continuar haciéndolo como parte de una pareja. Las investigaciones sugieren que los cónyuges no solo se sienten más felices cuando gestionan su dinero juntos, sino que también toman mejores decisiones financieras. De hecho, un estudio elaborado por el UBS Wealth Management en 2014 basado en más de 2.500 inversores con un patrimonio elevado constató que las parejas que comparten las tareas de gestión financiera tienen los mayores niveles de satisfacción y confianza acerca de su dinero y también tienen menos desacuerdos sobre finanzas. (A pesar de la gratificación, solo una de cada cuatro parejas afirmó gestionar su dinero de esta manera). Asimismo, dada la alta probabilidad de que en algún punto la mujer enviude, se divorcie o gestione el dinero por sí misma por algún motivo, compensa —literalmente— jugar siempre un papel preponderante cuando se trate de tus finanzas. Lo más probable es que en algún momento no tendrás otra opción.

MAMÁ LISTA, MAMÁ RICA
PASOS A DAR

1. Revisa tus hábitos de consumo actuales y comprueba tu proporción de ahorro en estos momentos; establece qué gastos puedes reducir para alcanzar la cantidad de ahorros que te has propuesto. Podría requerir que tomes algunas decisiones duras (¿televisión por cable o cuenta de ahorros?), pero así te obligarás a considerar tus prioridades. (Si tienes pareja, pueden hacerlo juntos durante una reunión de finanzas).

2. Identifica tus metas actuales a corto y largo plazo. ¿Sabes por lo que estás trabajando? Decirlo claramente puede ser la motivación que necesitas para lograrlo.

3. Cultiva sentimientos de gratitud y abundancia cada día. Toma un momento para apreciar los regalos materiales y no materiales de tu vida.

4. Envejece tu cara y pasa un tiempo con tu yo mayor. Puedes hacerlo con una aplicación como AgingBooth o digitalmente: si buscas en Internet «sitios web para envejecer tu cara», aparecerán las herramientas más recientes.

5. Llama a alguna persona mayor de tu familia para hablar de sus lecciones monetarias. Hazle preguntas acerca de momentos financieros difíciles que afrontó, cuestiones de dinero de las que se arrepiente y cómo adquirió sus hábitos de consumo y ahorro.

6. Reflexiona sobre tus sentimientos acerca de gestionar dinero y qué experiencias financieras tempranas podrían haberlos influido. ¿Recuerdas cómo discutían tus padres sobre dinero frente a ti cuando estabas creciendo?

7. Acepta tu papel como directora general de finanzas de tu vida dedicando un tiempo cada pocos meses a evaluar tus cuentas financieras actuales, tus objetivos a corto y largo plazo así como los pasos que debes dar. Desarrolla un sistema de control y almacenaje de tu documentación.

3

EL MOMENTO LO ES TODO

Si eres madre, probablemente te hayas dado cuenta de que tener hijos es bastante costoso. Los bebés nacidos hoy le cuestan a una familia estadounidense promedio cerca de un cuarto de millón de dólares antes de que cumplan los dieciocho años y esa figura ni siquiera incluye la matrícula de la universidad. Tras considerar la inflación, gastamos cerca de 22% más en nuestros hijos que nuestros abuelos, principalmente gracias al costo de la guardería y a unos mayores estándares para todo, desde comida hasta indumentaria y actividades.

Para muchas mujeres, lo más costoso de tener bebés es el impacto sobre nuestras ganancias. Incluso cuando seguimos trabajando a algún nivel, podríamos reducir nuestras horas, perder ascensos (o vernos excluidas) o elegir una carrera más flexible pero menos lucrativa. De hecho, los estudios sugieren que tener hijos aumenta los ingresos de los hombres mientras que reduce los de las mujeres, incluso tras controlar las horas trabajadas. El motivo parece estar fuertemente vinculado a la suposición de los empleadores de que las madres no merecen un salario tan elevado como el de los padres desempeñando el mismo trabajo. (Estos descubrimientos, publicados por los sociólogos Michelle Budig y Paula England tienen una mayor vigencia en trabajos con baja remuneración y son menos perceptibles entre las mujeres con salarios elevados).

Tener nuestros bebés también puede ejercer un gran impacto sobre nuestro patrimonio, por lo que a menudo las mamás listas deciden tener hijos en el momento menos problemático de sus carreras y de su capacidad para obtener ingresos, de manera que puedan controlarlo. Por supuesto, muchas veces los bebés son algo inesperado, o muy buscado, y podríamos tener poco control sobre el momento de su llegada. Pero eso no significa que no nos podamos preparar para la maternidad y tomar las mejores decisiones financieras posibles para nuestras familias, teniendo en cuenta el punto en el que nos encontramos.

Si te encuentras todavía en la fase de planificación de tu paternidad (o quieres aumentar más tu familia), es posible que puedas utilizar algunas de las últimas investigaciones acerca de la llamada sanción por maternidad en tu beneficio. El estudio muestra que, generalmente, cuanto más espera una mujer para tener hijos, menor será el impacto negativo sobre sus ingresos. Amalia Miller, una economista de la Universidad de Virginia, ha descubierto que por cada año que una mujer veinteañera o en el principio de su treintena espera para tener hijos, sus ganancias pueden aumentar en un 10%. Las mujeres con carreras universitarias en puestos profesionales y administrativos son las que disfrutan de un mayor beneficio por esperar.

Al mismo tiempo, otra investigación sugiere que tener hijos relativamente pronto, cuando todavía estás en la veintena, puede ser un buen movimiento laboral, sobre todo para mujeres en sectores con un entrenamiento fuerte como abogacía, medicina o la academia. De ese modo, tienes que hacer malabarismos para los cuidados infantiles cuando son muy pequeños mientras todavía estás estudiando, pero mucho antes de que comiencen las responsabilidades del mundo real, más importantes (y a menudo menos flexibles).

En su libro *Mothers on the Fast Track* [Madres aceleradas], las coautoras Mary Ann Mason y Eve Mason Eckman (un equipo de madre e hija) escriben que debido a que las carreras alcanzan su culmen para muchos profesionales durante su treintena, aquellos padres de treinta y pico con hijos que han superado sus años de bebé pueden ponerse a la cabeza fácilmente. Llaman a esa década de entre los veinte y los treinta, cuando es más difícil, y estresante, tener hijos pequeños y bebés, los años de «lograrlo o fracasar».

Una de las madres más exitosas que conozco, Lindsay Kelly, una de las abogadas que mencioné en el capítulo 2, empezó a tener hijos a mediados de su veintena y dice que eso le permitió prosperar laboralmente durante sus treinta. Había acabado con las bajas de maternidad y estaba preparada para asumir mayor responsabilidad profesional cuando sus hijos comenzaron la escuela primaria, justo en la época en la que algunos de sus colegas estaban empezando sus familias.

Del mismo modo, mi amiga Alison, que tiene un doctorado en economía de la salud y está ascendiendo rápidamente como consultora internacional, también comenzó su familia cuando todavía estaba en la universidad. Ahora que está a un nivel gerencial y sus dos hijos han superado la fase de bebés, puede considerar más fácilmente tareas internacionales y labores de gestión más grandes. Ambas mujeres son profesionales altamente calificadas y capaces de ser el principal sustentador de sus familias por la manera en la que planificaron los tiempos. Tal y como muestra el estudio, el momento ideal depende de muchos factores y puede variar enormemente de una mamá a otra. Lo mejor que podemos hacer por nosotras mismas y nuestras familias es tomar decisiones informadas y lidiar con los resultados lo mejor que podamos.

LABOR DE PREPARACIÓN FINANCIERA

Cualquiera que sea el momento en el que te encuentres o el espectro de ganancias en el que te sitúes, hay un montón de maneras de mantener los gastos bajo control, de modo que no perjudiques tus objetivos de ahorro e inversión a largo plazo. Aunque ahorrar un par de dólares en pañales inscribiéndote en los cupones descuento de Amazon o comprar ropa usada no te hará millonaria, hay hábitos inteligentes que pueden incorporar las mamás con todo tipo de niveles de ingreso. Cocinar comidas básicas en casa en lugar de salir fuera, compartir habitaciones cuando son pequeños e ignorar la mayoría de los artículos de las listas de compra recomendadas por comerciantes que quieren promocionar productos para bebé es también un buen comienzo. En verdad, los bebés no necesitan un calentador de toallitas, ¡sobre todo si tienes un secador de pelo a mano! E incluso si la selección de computadores portátiles para niños rivaliza con la de su contraparte adulta, realmente no necesitas comprarle a tu pequeño cada año lo último en tablets para niños. (Estarán suficientemente ocupados robándote el tuyo).

La mayor aportación de mis entrevistas con mamás es descubrir una forma de seguir ahorrando e invirtiendo a pesar de que la presión sobre tu presupuesto aumente. Una de las mejores maneras de que los padres expectantes se preparen para permitirse un bebé es practicar vivir con un solo ingreso y ahorrar el segundo (para quien tenga pareja) o ahorrar durante el embarazo los gastos de guardería esperados, que ascienden a un promedio de 1.200 dólares al mes pero que pueden ser mayores en zonas urbanas. De este modo, te acostumbrarás a vivir con tu presupuesto nuevo y reducido al mismo tiempo que construyes una reserva que ayude a financiar los costos del primer año.

hasta que hayas ahorrado algún efectivo para sus gastos. Sin embargo, puedes formar los hábitos de gasto de manera que mantener a tu familia no se sienta como una bomba que explotó en tu cuenta bancaria. En vez de eso, puede ser como una filtración lenta, pero que está regando un precioso jardín.

PREPARADA PARA EXPANDIRTE

Sumar a otra persona a la familia suele ser menos caro que la primera vez y, de hecho, los costos adicionales suelen disminuir por cada hijo que se suma. La USDA descubrió que los padres gastan menos por hijo a medida que van teniendo más, como resultado de las habitaciones, la ropa y los juguetes compartidos, e incluso por los descuentos que ofrecen por hermanos en colegios y guarderías. Los padres también gastan menos en comida por hijo cuando cocinan para varios.

Puedes aprovechar mejor estos ahorros siendo más inteligente con tus compras, al ajustarte a artículos de género neutral de manera que tu segundo (o tercer) hijo pueda usar la misma chaqueta de invierno o flotador de verano que su hermano o hermana mayor. También puedes hacer que los hermanos compartan habitaciones en lugar de mudarte a una casa más grande cuando llegue el nuevo bebé. Jennifer Saranow Schultz, mamá de dos y la bloguera de HintMama.com, sitio web que ofrece trucos diarios de ahorro para mamás, recomienda buscar artículos de bebé adaptables, como coches individuales para niños que se transforman fácilmente en carritos dobles, video-monitores que te permiten poner varias cámaras, así como también juguetes y libros que atraen a ambos géneros. Cuando su hijo se unió a la familia un par de años después de su hija, ella redujo drásticamente los costos reutilizando el carrito de la pequeña, la sillita para el automóvil, la

SIETE MANERAS CON LAS QUE LOS NUEVOS PADRES PUEDEN RECORTAR COSTOS:

- ❑ Inscríbete en cualquier programa de gasto flexible disponible a través de tu lugar de trabajo para los gastos de cuidado infantil, asistencia sanitaria y transporte.
- ❑ Cocina comidas fáciles de hacer y buenas para la familia, que todos disfruten. Si necesitas inspiración, echa un vistazo a las páginas web de autores de libros de cocina adaptados a niños, como Weelicious.com.
- ❑ Revisa tu seguro de salud actual y asegúrate de que has seleccionado el más apropiado para tu familia; normalmente se puede reajustar durante el siguiente periodo de inscripciones o cuando nazca el siguiente niño (así como con otros eventos familiares significativos, como el matrimonio).
- ❑ Investiga, compara precios y ahorra para cualquier gasto relacionado con los niños, incluido el automóvil, el carrito e incluso un hogar si estás planeando mudarte pronto.
- ❑ Pídeles a las familias y a los amigos ropa, muebles y juguetes de segunda mano. (Por tu seguridad, asegúrate de que los artículos de segunda mano no hayan sido retirados del mercado por algún defecto mirando www.Recalls.gov y comprando sillitas para el auto nuevas con lo último en seguridad).
- ❑ Escoge colores neutrales para incrementar las oportunidades de poder reusar los productos con hijos futuros (o revéndelos cuando ya no los vayas a usar).
- ❑ Anima amablemente a tus padres y familiares a encauzar su generosidad en ocasiones en las que se den regalos hacia productos costosos que realmente necesitas o contribuyendo a la cuenta de ahorros universitarios (tipo 529) de tu hijo.

Pese a lo mayores que sean tus hijos, puedes empezar ahora y ponerte al día recortando las partes más flexibles de tu presupuesto (comida, entretenimiento, cuidado personal), como discutimos en el capítulo 2, y desviando ese dinero hacia cuentas de ahorro e inversión. Incluso habiéndote preparado muchísimo, pocas mamás se sienten completamente preparadas en lo financiero para el impacto que produce ser responsables de un nuevo bebé. Cuando visité por primera vez a Beth y a Sean Moynihan —en su urbanización de Baltimore durante un día lluvioso— a solo unas semanas para la llegada de su hija Abigail, estaban desempaquetando cajas en el cuarto de la bebé, recién pintado de verde pálido. Sean, ingeniero mecánico, estimó que habían gastado cerca de 6.000 dólares en la cuna, las mantas, los asientos infantiles y otros artículos. Beth, enfermera, estaba pensando mucho sobre cómo lidiar con los costos venideros de guardería infantil, considerando una combinación entre acuerdos cooperativos con sus compañeros de trabajo y ayuda de familiares cercanos.

Para ayudar con esos gastos que estaban por llegar, Beth y Sean redujeron su desembolso en entretenimiento y viajes, y pidieron a sus padres que comenzaran a contribuir con dinero a la cuenta de ahorros para la universidad durante los próximos cumpleaños y Navidades. «Empezamos a hablar sobre cortar vacaciones, viajes, salidas... de manera que tuviéramos más dinero para las necesidades de la bebé ahora», me contó Beth.

Vayamos cuatro años más tarde: Beth y Sean, que se encuentran al principio de su treintena, tienen una segunda hija, Claire, y han comprado una casa en Virginia del Norte. Beth trabaja como enfermera titulada a tiempo parcial en el hospital local y sus hijas van a la escuela y a la guardería. Aunque todavía sigue tomando decisiones monetarias inteligentes, a Beth le resulta más difícil que nunca ahorrar. Me dijo que continúa animando a sus familiares a dar dinero para la cuenta de

ahorros para la universidad, pero a medida que sus hijas crecen t[...] quieren regalos. «No hemos llegado a donde pensábamos que e[...] mos, porque los costos de guardería subieron, y como no estoy [...] jando a tiempo completo, [los ahorros] tuvieron que relegarse[...] pronto como vuelva a trabajar a tiempo completo y nuestras hija[...] yan a la escuela primaria pública, podremos ahorrar todo lo que [...] mos destinando a la guardería ahora; así que tuvimos que reaj[...] nuestras ideas», explicó. Ella y Sean todavía mantienen sus costos [...] viajes y entretenimiento bajos, optando por sus citas en casa con v[...] y una película, en lugar de salir a restaurantes. Es una estrategia sól[...] a largo plazo que no requiere un gran sacrificio hoy.

Al igual que Beth y Sean, la mayoría de los padres no controlan [...] momento de tener hijos en relación directa con los niveles de su cuen[...] bancaria, pero a menudo el dinero juega un papel básico en la dec[...] sión. Cuando el Pew Research Center [Centro de Investigaciones Pew[...] preguntó a los futuros padres qué hizo que decidieran tener un hijo[...] la respuesta más citada, tras encontrar a la pareja adecuada, fue tene[...] unos recursos financieros adecuados. Cuando Pew preguntó a las ma[...] dres de cincuenta años en adelante por qué decidieron no tener m[...] hijos, la respuesta más común, después de poder dedicar más tiemp[...] a los hijos existentes, fue el costo. (Las mamás tendieron más a citar [...] costo como factor a la hora de limitar la familia que los padres). Pe[...] también ha descubierto que entre los mileniales, que ahora tiene[...] entre veinte y treinta y pocos años, la mejor edad para la maternida[...] el sentimiento de no estar preparados económicamente está retrasand[...] la paternidad. Cerca del 22% dijeron que retrasaron el tener un h[...] por cuestiones económicas.

Independientemente de si tienes dos bocas llenas de espaguetis q[...] alimentar o de si se acerca el momento de tu primer parto, es probab[...] que te hayas dado cuenta de que no puedes poner a tus hijos en pau[...]

mesa convertible, el asiento inflable y el columpio. Siempre y cuando esos productos no hayan sido retirados del mercado debido a defectos de fabricación (o, en el caso de las sillitas para el auto, que se hayan quedado obsoletos) y sepas que han sido bien tratados, reutilizar esos artículos costosos no supone ningún riesgo.

Jennifer también está volviendo a utilizar las ropas de género neutro, los baberos, los accesorios de extracción de leche y las botellas o biberones (con nuevas tetinas). Así que se asoció con una amiga que tiene un niño de dos años y una bebita; e intercambiaron las ropas para que los recién nacidos tuvieran multitud de accesorios apropiados al género. Ahora, ella presta incluso más atención comprar artículos con género neutro, de manera que su hijo pueda ponerse los zapatitos Crocs verdes de su hermana o montar en su patinete rojo. También planea que su hijo y su hija compartan habitación tan pronto como ella pueda dormir durante toda la noche.

Molly Thornberg, fundadora del blog **Digital Mom**, notó que para cuando nació su cuarto hijo, había aprendido la lección acerca de derrochar. Ella y su marido se percataron de que su recién nacido no iba a acabar poniéndose los zapatitos de bebé y que no le iba a importar si las sábanas eran de diseñador. También aprendió a dejar de comprar artículos que ni siquiera existían cuando ella estaba creciendo, incluyendo los aspiradores nasales operados con pilas y los pañales Genies. También empleó algunos trucos como comprar pañales al por mayor en Amazon y pedir prestados a sus amistades accesorios de segunda mano como las sillas mecedoras. Todo el cuarto del bebé se terminó por menos de 500 dólares, dice, que es casi lo mismo que gastó únicamente para los artículos de cama del primero.

Incluso si tus futuros hijos no han llegado todavía, planificar con antelación puede compensar, especialmente antes de hacer cualquier compra grande. Siempre le estaré agradecida a Jane, nuestro agente inmobiliario (y mamá de tres), que amablemente nos desaconsejó que compráramos un apartamento de dos habitaciones que nos había llamado la atención poco después de que naciera nuestra hija. En esos momentos vivíamos en uno de una habitación y estábamos desesperados por conseguir más espacio, así como una lavadora y secadora propias. Estaba harta de cargar con nuestra ropa cinco pisos arriba y abajo con un bebé encima de mi espalda, sobre todo en esos días interminables de lavar ropa de recién nacido.

Cuando encontramos un agradable apartamento de dos habitaciones a la venta y estábamos dispuestos a hacer una oferta, Jane nos recordó que «incluso aunque no se lo imaginen ahora, las familias tienen una manera de aumentar». Por supuesto, tenía razón. Continuamos buscando y finalmente compramos una casa de tres habitaciones que nos dejaba espacio para crecer. Unos años después, cuando nuestro hijo nació, nos alegró no tener que mudarnos de nuevo (y pagar todos los costos relacionados). Gracias al consejo de Jane, teníamos espacio suficiente para nuestro nuevo bebé.

Con la vivienda representando de manera habitual el 30% de los gastos relacionados con el niño, es un buen tema para ser creativos. Un número creciente de familias están incluso optando por una vivienda multigeneracional como solución, viviendo bajo el mismo techo con los abuelos, que puede que también sean capaces de ayudar con el cuidado de los niños. A lo largo de mi investigación, conocí una madre soltera que decidió mudarse de vuelta con sus padres mientras criaba a sus hijos pequeños y di con parejas casadas que han invitado a los padres a vivir en la habitación adicional.

Ese fue el caso de Katy Hewson y su marido, Keith, que se acababan de casar cuando hablé con ellos por primera vez en 2009. Estaban viviendo con los padres de ella en una vivienda adosada en Houston. El acuerdo podría parecer poco común, pero funcionaba bien para ambas parejas. Cada una se ahorró miles de dólares en costos de vivienda, de modo que Katy —trabajadora social— y Keith —piloto de aerolínea—, pagaron sus préstamos estudiantiles estableciendo al mismo tiempo una reserva. También parecía que verdaderamente disfrutaban de vivir juntos. A menudo, Keith trabajaba durante días e incluso semanas continuas y los padres de Katy la acompañaban.

Después de que su primer hijo naciera, Keith y Katy continuaron viviendo con los padres de ella, ahorrando dinero y aprovechándose de la ayuda para cuidar al niño. Aquellos ahorros les ayudaron a crear la reserva que les permitió mudarse a una casa más grande en los suburbios de Houston cuando llegó el segundo niño. Hoy, Keith y Katy, que se encuentran en la mitad de su treintena, viven en League City, que tiene abundantes espacios verdes para que sus hijos de cinco y dos años corran.

Los padres de Katy todavía viven cerca y cuidan de los niños unas pocas veces al mes lo que, según estimaciones suyas, les ahorra casi 1.500 dólares al año y una cantidad de paz mental incalculable al saber que pueden venir rápido en caso de necesidad. «Si quiero quedarme después del trabajo por algo o salir con amigas que viven en el pueblo, puedo pedir a mis padres que recojan a los niños o que les hagan ir a su casa después de la escuela», dice. «Siempre están dispuestos a ayudarnos».

Ella y Keith también hacen escapadas de fines de semana largos a lugares como Napa Valley y Cancún, dejando a los niños en casa con los padres de Katy. «Eso no tiene precio», cuenta.

La mejor parte, por supuesto, no es el dinero. «Es que mis hijos tengan una relación tan fantástica con mis padres», dice. Sus hijos también tienen una mamá más tranquila, que sabe que puede contar con un par (o dos) de manos extra a solo una llamada si la rutina se ve afectada por responsabilidades laborales o enfermedad. Ese es el tipo de ayuda que verdaderamente mantiene a una mamá cuerda y con empleo remunerado.

MAMÁ LISTA, MAMÁ RICA
PASOS A DAR

1. Considera los costos actuales y esperados derivados del niño, estimando cuánto gastas (y gastarás) en vivienda, guardería y educación, comida, transporte, servicios sanitarios, indumentaria y otros extras debido a tus hijos. ¿Hay algunos aspectos en los que podrías gastar menos como, por ejemplo, cocinar más en casa o aceptar más ropa de segunda mano de tus amigos y tu familia?

2. Ahorra en artículos de uso diario volviendo a usar juguetes y ropa, compartiendo habitaciones o aprovechando los descuentos por hermanos de los centros de cuidados infantiles. Compra productos de género neutro para que compartir sea más fácil si planeas tener más hijos.

3. Busca maneras de que tu familia y tus amigos te ayuden, especialmente los abuelos que vivan cerca. Si están dispuestos a hacer de niñeros, incluso en alguna ocasión, te pueden ayudar a ahorrar y a reducir el estrés.

4. Si todavía estás aumentando tu familia, considera el momento de los nacimientos en función de la fertilidad prevista y los planes profesionales. Aunque a menudo está fuera de nuestro control, el momento puede tener un gran impacto sobre tu poder adquisitivo y, como resultado, sobre la seguridad financiera de tu familia.

5. Piensa en si estás pagando una «sanción por maternidad», ¿tu salario está sufriendo por una discriminación contra las mamás? Si es así, considera pedir un aumento o buscar un trabajo nuevo.

4

COMO UNA JEFA

Cuando traje por primera vez al hogar, desde el hospital, a mi pequeña recién nacida de tres kilogramos, estaba tan abrumada por la tarea de cuidar de ella que casi no podía encontrar tiempo para comer. Entre intentar amamantar a la pequeña, cambiarle los pañales y recuperarme de una cesárea después de un parto de cuarenta y ocho horas, estaba francamente agotada. Además, la inmensa responsabilidad y el amor que sentí por esa vida diminuta explotaba dentro de mí como un volcán alimentado por hormonas.

Al mismo tiempo, estaba vulnerable como nunca. Físicamente, me encontraba más débil de lo normal, ya que todavía me estaba recuperando del parto y, por primera vez en nuestro matrimonio, dependía por completo del apoyo físico, emocional y financiero de mi marido. Estaba empezando el periodo de baja por maternidad de cuatro meses y medio, en su mayoría sin salario.

Mientras miraba el cabello espeso y negro de mi hija, y su tersa piel, empecé a soñar despierta acerca de cómo volver a tomar el control de aquella situación confusa. Tendría que esperar a que mi cuerpo sanara y a que las hormonas del posparto salieran de mi sistema, pero podía comenzar a planear cómo recuperar el control de mi vida financiera.

Quizás convertirse en mamá no tenía que significar dejar de ganar dinero completamente, aunque fuera de manera temporal. En efecto, me sentía más motivada que nunca para proveer a mi familia, dados nuestros gastos estratosféricos.

Armada con la convicción de que era mi labor asegurarme de mantener a esa pequeña criatura bien alimentada y cuidada, y con el deseo de probarme a mí misma que mi ambición no se había destrozado junto con los músculos de mi estómago, acepté un par de trabajos por cuenta propia durante mi baja por maternidad. Entrevisté a expertos y escribí mis artículos mientras que mi recién nacida dormía la siesta junto a mis pies al lado del escritorio. Empecé a soñar con lo que finalmente sería mi tienda Etsy de planificadores financieros, cuadernos de trabajo digitales que ayudan a la gente a gestionar sus finanzas. Poco a poco, sentí que recuperaba el control de nuestras vidas.

Otras madres han descrito momentos de claridad similares, cuando se dieron cuenta de que convertirse en mamá también significaba querer reforzar su capacidad de recibir ingresos. Farnoosh Torabi, experta en dinero y personalidad de la televisión, dice que fue su recién nacida la que hizo que quisiera lanzar su primera transmisión, para garantizarse un flujo de ingresos independientemente de lo que hicieran sus jefes o la economía. Escribió sobre esta epifanía en su blog, apodándolo el Baby Effect [Efecto Bebé]: «Estoy hablando de contemplar a tu bebé y pensar: "No puedo tener ninguna incertidumbre económica mayor que esta". No puedo permitirme tener un año lento nunca más».

Ese empuje motivador para ganar más dinero puede afectar mucho a las mamás nuevas y puede ser difícil encontrar el equilibrio con los deberes simultáneos de cuidar al bebé. También puede ser duro cuando estás luchando en el trabajo contra la «sanción por maternidad» de la que hablamos en el capítulo 3. A menudo, los empleadores pagan menos a las mamás por la percepción, o realidad, de que trabajan menos horas. La buena noticia es que uno de los principios centrales de guía para las mamás listas (siempre ganar dinero, incluso a capacidad reducida) no implica tener jornadas laborales de diez horas cuando tienes a un recién nacido en casa o perderte siempre los partidos de fútbol de tu niño en la escuela primaria. Aunque muchas mamás siguen una ruta profesional tradicional, ascender profesionalmente al estilo de Sheryl Sandberg, no es ni mucho menos la única manera. Muchas de las mamás exitosas con las que he hablado han diseñado una trayectoria profesional propia menos lineal, que les ha permitido incrementar sus ingresos al mismo tiempo que eran el tipo de mamás que querían ser.

EL CAMINO RECTO Y ESTRECHO

Cuando empecé a buscar mamás a las cuales entrevistar que seguían un camino tradicional a tiempo completo en su profesión, de ocho a nueve horas trabajo diario en una oficina, con la prohibición de trabajar desde casa o tener un horario flexible, me fue difícil encontrarlas. Casi todas las profesionales a las que contacté prácticamente me explicaron que sus horarios permitían, como poco, cierto nivel de flexibilidad, para llevar a los niños al pediatra cuando estaban enfermos o asistir a eventos escolares ocasionales. Mi hermana, que es doctora especializada en medicina familiar y que labora a tiempo completo, organizó su horario para poder trabajar de martes a viernes y quedarse en casa los lunes. Abogadas y trabajadoras gubernamentales a tiempo completo presentaron horarios flexibles similares que les permiten llegar a casa a tiempo para recoger a los hijos en la guardería o trabajar un día a la semana desde casa. (Las mujeres con empleos de baja remuneración cuentan una historia muy distinta, desafíos que merecen su propio libro).

La habilidad para negociar algo de flexibilidad incluso en trabajos exigentes a tiempo completo es un fenómeno relativamente reciente. Incluso la generación de nuestra madre, tan solo hace treinta años, se sintió más estigmatizada y menos capaz para solicitar la flexibilidad que necesitaban con tanta desesperación. Parte de este cambio es consecuencia del asombroso aumento de los trabajadores que cuidan tanto de niños pequeños como de ancianos. De acuerdo a una investigación elaborada por la Universidad de Rhode Island, uno de cada tres trabajadores cuida en estos momentos de un adulto mayor mientras que el 43% cuida niños (el 12% de los entrevistados combinaba ambas responsabilidades).

Los estudios nacionales de Family and Work Institute [Instituto de Familia y Trabajo] revelan unos números similares, y estimando que la población mayor en Estados Unidos doblará su número en los próximos treinta años, probablemente el porcentaje de trabajadores pluriempleados como cuidadores se disparará. Como resultado, la aceptación de que la flexibilidad es necesaria, siendo fundamental para gente que cuida niños pequeños y adultos en edad avanzada, parece destinada a ampliarse. Cuando tu jefa tenga que darse prisa para llegar a casa porque debe cuidar de su madre mayor, es más probable que entienda por qué necesitas hacer lo mismo cuando tu bebé se acatarra.

La verdad es que hay algunas semanas en las que ser padre simplemente demanda ese tipo de flexibilidad. Estoy escribiendo esto desde casa al mismo tiempo que mi hijo duerme una siesta arriba, después de recibir una llamada de la guardería para que lo recogiera antes de tiempo porque podría tener conjuntivitis. Eso significa que lo tendré que llevar al médico por la mañana y tenerlo en casa mañana ya que puede ser contagioso. Entre tanto, también necesito salir del trabajo antes otro día esta semana, porque tengo una cita con el dentista de mi hija. A veces siento como si, debido a todas esas demandas, tanto planificadas como inesperadas, nunca tuviera una semana «típica», en la que verdaderamente me siente en el escritorio de 9 a 5 de la tarde; agradezco que mi jefa, también madre, permita este tipo de flexibilidad.

La necesidad de un trabajo flexible está tan ampliamente reconocida que durante el verano de 2014, la Casa Blanca celebró una cumbre acerca de familias trabajadoras en la que expertos, líderes corporativos y políticos se reunieron para hablar sobre cómo hacer las cosas más fáciles para aquellos en medio de esa jungla. En un panel dinámico, Bob Moritz, el presidente de la firma de contabilidad PricewaterhouseCoopers, animó a los demás líderes corporativos a apoyar la flexibilidad en los negocios. Motivar a tus trabajadores, dice, depende de permitirles que se hagan cargo de sus responsabilidades en el hogar. «Si les motivas, obtendrás un 75% más de productividad», dijo.

Como prueba, explicó que desde que PwC cambiara su política para que los trabajadores pudieran tomar permisos retribuidos por enfermedad hace unos años, el número de días por enfermedad solicitados en la empresa se redujo en lugar de subir. «Verdaderamente obtienes una productividad mayor», dijo a una audiencia cautivada. El auténtico factor de cambio fue que la actualización de la política de bajas por enfermedad especificaba que no solo podían pedirse cuando los mismos empleados estén enfermos, sino cuando necesitaran cuidar de niños y adultos mayores.

Eso es exactamente lo que muchos padres trabajadores dicen necesitar, la posibilidad de pedir tiempo libre durante el día laboral sin ser penalizados por ello. El Family and Work Institute [Instituto de Familia y Trabajo] constató que ahora la mayoría de los empleadores ofrecen, como mínimo, cierto nivel de flexibilidad. Ocho de cada diez empleadores con un mínimo de cincuenta trabajadores dicen que permiten que la gente tome tiempo libre por motivos personales o familiares sin perder el pago o que a veces cambien sus horas de comienzo y fin del día.

Aun así, es duro ser mamá (o papá) trabajador. Sentí que estaba fracasando como mamá incluso cuando estaba cubriendo la White House Summit on Working Families [Cumbre de la Casa Blanca sobre Familias Trabajadoras]. El acto requería un control de seguridad previo porque el presidente iba a asistir, así que llegué tan pronto como pude antes de dejar a mis dos niños en la escuela. Era demasiado tarde para acceder al auditorio principal por lo que quedé relegada a una sala de prensa donde se podía ver a los ponentes a través de un vídeo. Michelle Obama, la estrella del evento, no habló hasta las 5.30 p.m., cuando me tenía que ir al colegio a recoger a la niña. Y la conversación telefónica previa a la conferencia con Valerie Jarrett, la consejera principal de la Casa Blanca, ocurrió el domingo a las 4.30 p.m., cuando estaba en la clase de natación de mi hija y jugando con mi niño en la piscina para bebés. Sencillamente no había forma de hacerlo todo.

Incluso con un empleador comprensivo, es difícil dejar el trabajo a las cinco de la tarde cada día y atravesar filas de personas en sus veinte años sin hijos (y personal gestor mayor con hijos independientes o parejas que se quedan en casa), sabiendo que estarán al menos otras dos horas más con los ojos pegados a las pantallas de la computadora. Aun cuando tengas cerca una cómoda habitación de lactancia, es complicado dejar tu escritorio dos veces al día para amamantar. Lograr dormir de manera ininterrumpida durante cuatro horas de ocho (o más) nunca será fácil, debido a un bebé al que le están saliendo los dientes. Responder a solicitudes de los clientes durante el fin de semana o trabajar hasta las diez de la noche cuando tienes que cumplir con un plazo en lugar de estar en casa a la hora de acostarse es doloroso. Para algunas madres, ese tipo de sacrificios serán inaceptables y decidirán dejar el trabajo como consecuencia, o ser empujadas a irse después de encontrarse faltas del apoyo que necesitan para ser madres trabajadoras.

Aun así, muchas madres encuentran maneras de hacer que el trabajo a tiempo completo sea soportable e incluso disfrutarlo. Estas son algunas estrategias que surgieron de nuestras conversaciones:

- Elije un trabajo y un campo que te guste, de manera que tengas muchas ganas de volver al trabajo, aun cuando estés estresada con la maternidad. Es más fácil volver a trabajar cuando estás agotada si verdaderamente te gusta. Sentarse enfrente de tu computadora con un café un lunes por la mañana después de un fin de semana familiar caótico puede ser un auténtico placer.
- Entra en un campo laboral que te permita apoyar a tu familia. Es difícil justificar (y permitirte) continuar trabajando cuando tu salario no alcanza para pagar las facturas de la guardería. Las mujeres que tienen carreras que les permiten acceder a sectores de alta remuneración tienen mayor poder adquisitivo y flexibilidad para pagar a una cuidadora infantil certificada y respetable con la que se sientan cómodos.
- Solicita la flexibilidad que necesitas. Si crees que tu vida laboral mejoraría significativamente trabajando los miércoles desde casa, pídelo. Si necesitas salir a las 3 p.m. los martes para llevar a tu hija a clases de baile, pídelo.
- Negocia la flexibilidad durante el proceso de oferta de trabajo. Cuando recibes una oferta, es el momento de negociar. Además del pago, considera preguntar por otros beneficios laborales que podrían ser de ayuda, como la posibilidad de trabajar desde casa o adoptar un horario de trabajo flexible (por ejemplo, trabajar de 7 a.m. a 3 p.m.) de manera que puedas llevar a tus hijos al colegio y recogerlos.

◆ Cambia de trabajo si no te da buenos resultados. Hay ocasiones en las que un trabajo sencillamente no se ajusta bien al estilo de vida que quieres, pero es bueno aceptarlo y seguir adelante.

◆ Aprovecha plenamente los beneficios disponibles. Si tu trabajo ofrece baja por maternidad por encima de las doce semanas requeridas por la «Ley de ausencia familiar y médica» (FMLA, por sus siglas en inglés), considera tomarlas. Si tu cultura corporativa permite el teletrabajo y otras flexibilidades, aprovéchalas.

◆ Perfecciona el arte de enviar notas sencillas acerca de dónde te encuentras. Si tu hijo tiene que ir al pediatra o necesitas salir antes para ir a una actuación de ballet, no hay necesidad de mandar un correo electrónico largo y lleno de culpa a tu supervisor y tus compañeros. Al contrario, opta por notas informativas simples: «Estaré fuera de la oficina a partir de las 3 p.m. para asistir a un evento de la escuela y volveré digitalmente después». Los compañeros de trabajo no necesitan ni quieren escuchar sobre el estómago de tu pequeño ni cómo sonaban sus estornudos a las cinco de la mañana.

◆ Llega a acuerdos justos con tu cónyuge. Las mamás a las que entrevisté tendían a compartir tareas con sus esposos de manera que no eran las únicas que tenían que gestionar visitas al pediatra, horas de comida y visitas escolares.

◆ Niégate a sentirte culpable. Puede que estés saliendo a las cinco de la tarde, pero los colegas que dejas mirando sus pantallas podrían estar viendo un video de YouTube o soñando con la hora de tragos gratis en la taberna. La culpa puede interferir con la productividad, así que haz un esfuerzo consciente para evitar sentirla, en casa o en el trabajo.

- Recibe el salario que te mereces. Incluso si te vas antes y te aprovechas de otras opciones flexibles, todavía te mereces un buen salario por lo que haces. No permitas que tu condición de mamá trabajadora te haga pensar que no mereces aumentos y ascensos.

- Usa (y limita) la tecnología. Tu teléfono inteligente puede ayudarte a responder tus correos electrónicos de trabajo en medio de tu rutina de dormir, pero también puede hacerla el doble de larga si tus hijos se dan cuenta de que no estás presente, así que deja el teléfono y apágalo cuando sea posible.

- Pide ayuda. Independientemente de si se materializa en forma de abuelos, cuidadora infantil pagada, limpiadora, entrega de la compra a casa u otros servicios, las mamás listas saben cómo pedir ayuda. Pagar por servicios que ahorren tiempo puede ayudarte a concentrarte en labores más importantes, como pasar tiempo con tus hijos. También puedes recibir el respaldo de grupos más grandes, como amigas cercanas y especialmente otras madres que entienden y se identifican con tus desafíos, y que te ofrecen camaradería y apoyo. Cuando tengas problemas para dirigir una presentación después de haber dormido dos horas porque a tu hija le dio tos y acabas de recibir un correo de la guardería informándote de un brote de piojos, es un poco más fácil lidiar con el caos si le envías un mensaje a tu amiga para que te compadezca y ella te responda inmediatamente diciéndote que lo superarás y que su hijo estuvo vomitando toda la noche.

La buena noticia es que el futuro de las mamás está destinado a ser más fácil porque a menudo los trabajadores más jóvenes piden mayor flexibilidad, antes de tener hijos. Además de su política de baja por enfermedad, PwC también lanzó un programa que permite que los trabajadores interesados laboren solo unos meses al año, durante la temporada alta de la firma. Es una versión del trabajo temporal que deja mucho tiempo para concentrarte ininterrumpidamente en otros objetivos durante el resto del año, incluidos los niños. Aunque un montón de padres y trabajadores mayores se aprovechan de esa política, gran parte de su apoyo viene de un grupo improbable: las milenniales al principio de sus carreras. PwC descubrió que los trabajadores jóvenes en sus veintes estaban especialmente deseosos de obtener flexibilidad, no para cuidar de los niños sino por otros intereses, desde viajar a esquiar o abrir pequeños negocios. A medida que se hacen mayores y tienen hijos, aquellos que se conviertan en mamás y papás moverán el centro de interés de sus horas libres a la paternidad, usando la flexibilidad que ya habían establecido.

UNA TRAYECTORIA DIFERENTE

Una trayectoria tradicional y lineal no tiene por qué ser la carrera profesional para todo el mundo, por lo que muchas mamás reniegan de ella. Estas podrían reducir temporalmente sus horas de trabajo mientras sus hijos son pequeños, aceptando acuerdos a tiempo parcial o trabajo por cuenta propia y después, cuando estén preparadas, volver a aceptar mayor responsabilidad de manera natural.

En vez de registrarse por un mínimo de cuarenta horas a la semana, sus horarios se parecen más al de Christine Ryan Jyoti, una mamá del área de Washington, D.C., quien decidió no volver a su trabajo a tiempo completo como directora de comunicaciones de una organización sin fines de lucro después de tener a su hija e hijo, ahora en edad escolar. Sentía que volver al trabajo era como hacer demasiados malabarismos con su creciente familia.

Sin embargo, sabía que quería seguir trabajando a cierto nivel, especialmente escribiendo, algo que siempre disfrutó y en lo que se consideraba buena. Así que Christine comenzó a aceptar proyectos independientes para un sitio web sobre finanzas, que pronto la ascendió a un puesto de colaboradora habitual, y así comenzó a cobrar su primer cheque estable en cuatro años.

Su trabajo actual le requiere entre diez y quince horas a la semana y gana un flujo de ingresos estable; no tan voluminoso como el de su antiguo empleo a tiempo completo, pero suficiente como para hacerla sentirse de vuelta al mundo de los negocios. «Escribir de manera autónoma se ajusta a lo que me gusta», dice, y el trabajo mantiene su currículo actualizado en caso de que algún día se decida a volver a un trabajo de oficina. También está empezando un curso de formación de profesora de yoga para explorar direcciones diferentes para su carrera profesional de una manera que también le permita estar en casa con sus hijos después del colegio.

El enfoque mosaico es cada vez más popular para un segmento de mujeres profesionales formadas, las mismas que hace dos décadas habrían abandonado la fuerza laboral completamente. Pamela Stone, profesora de Sociología en Hunter College de Nueva York, que ha estudiado durante mucho tiempo a las mujeres que «optan por salirse», y Meg Clare Lovejoy, una profesora de Augustana College de Illinois, hallaron que dos terceras partes de un grupo de treinta mujeres profesionales y con formación que dejaron sus trabajos a tiempo completo cuando sus hijos eran pequeños volvieron a algún tipo de empleo en un espacio de diez años.

Sin embargo, como en el caso de Christine, el trabajo no era como el empleo altamente remunerado y demandante que tenían antes. Al contrario, las mujeres en su estudio habían preferido puestos con una remuneración más baja pero más flexibles a menudo en el área de la educación, incluyendo la enseñaza, la orientación laboral y la recaudación. Muchas de ellas habían aceptado trabajos basados en proyectos que les otorgaban control sobre los horarios. Para las mamás que quieren estar en casa a las tres de la tarde cuando terminaba la escuela, ese tipo de flexibilidad puede marcar la diferencia.

Parece ser que las mamás listas no solo buscan maximizar su sueldo, sino también su satisfacción profesional; lo que a largo plazo también puede acabar ayudando a tus ingresos porque estarás en la fuerza laboral por más tiempo. Ese es el motivo por el que a veces incluso los recortes de salario estratégicos pueden compensar a largo plazo si te permiten continuar trabajando cuando, de otro modo, te habrías visto forzada a parar. (De acuerdo con informes de Pew, las mamás que efectivamente dejan de trabajar se encuentran a ambos lados del espectro: ganan tan poco que no pueden permitirse pagar la guardería, o sus ingresos familiares son tan elevados que pueden eliminar su cheque sin problemas).

Este concepto es tan usual que los académicos han creado un nombre para definirlo: la carrera caleidoscopio. Las profesoras universitarias Lisa Mainiero y Sherry Sullivan acuñaron el término a mediados de la primera década de este siglo tras estudiar distintos patrones de trabajo entre profesionales. Descubrieron que las mujeres seguían a menudo lo que apodaron como una trayectoria profesional «beta», que primero se centra en el desafío, luego en el equilibrio y finalmente en la autenticidad. En contraste, descubrieron que los hombres siguen un patrón laboral «alfa», que busca equilibrio solo al final de la vida profesional y un impulso ilimitado hacia el desafío y ascender en la carrera profesional en una fase temprana.

De manera similar, Jamie Ladge, profesora de la Universidad Northeastern, ha constatado que los padres que se mueven por un tiempo hacia un trabajo a tiempo parcial pueden sentir unas vidas profesionales tan plenas como aquellos que continúan trabajando a tiempo completo. La satisfacción personal que siente la gente por sus carreras tiene que ver más con sus propios sentimientos acerca de su trabajo que con el tamaño del cheque, descubrió.

En otras palabras, muchas mujeres no se centran únicamente en ponerse por delante y alcanzar medidas externas de éxito: un salario mayor, un título más importante, una oficina más grande. Le otorgan mucho valor a tener un trabajo que refleje sus valores, incluida la importancia de gestionar las responsabilidades familiares. Y conscientemente optan salirse de la carrera profesional tradicional en pro de una trayectoria personalizada que les parezca la apropiada para ellas.

Gail Sheehy (de la que hablamos en el capítulo 2), autora del libro *Transiciones*, encarna este enfoque. Desde sus años como mamá soltera trabajadora hasta autora de éxito, siempre ha seguido trabajando en medio de sus responsabilidades de cuidado. Cuando su marido, el editor Clay Felker, contrajo cáncer al final de su vida, tuvo que volver a combinar las responsabilidades laborales con cuidar de alguien más. Aunque tuvo que reducir su trabajo, se aseguró de seguir recibiendo ingresos para poder permitirse cuidar de ella y de su marido enfermo, pero también para poder mantener su propia identidad.

Sheehy dice:

Los hombres y las mujeres renuncian a sus empleos y dejan de trabajar porque sencillamente es demasiado, pero yo sabía que era un callejón sin salida... Si abandonas tu identidad, cuando tu papel como cuidadora termina, ¿quién eres? Es muy difícil volver al ruedo, no solo como escritora sino en cualquier sector. Siempre recomiendo a la gente que mantengan contacto con lo que sea que hagan, incluso si tienes que buscar gente que te ayude, de manera que puedas trabajar algo. Eso te permite seguir adelante y así cuando la vigilia del cuidado termina, tienes una vida a la que volver.

Ella acepta más o menos trabajos por cuenta propia, proyectos educativos y contratos de libros en función de cuánto tiempo y energía necesita dedicar a otros en diferentes momentos de su vida.

De nuevo, tampoco son únicamente las mamás las que toman esa decisión. En su doctorado en la Universidad Purdue, Elizabeth Wilhoit descubrió que a menudo las mujeres sin hijos también se muestran deseosas de dejar sus trabajos tradicionales a tiempo completo porque entran en conflicto con sus objetivos personales y laborales. El modelo lineal masculino de éxito profesional no encaja en muchas mujeres, dice, porque ellas buscan autenticidad, trabajos que reflejen sus valores e identidad. Puede que las mamás inventaran la carrera caleodoscopio por necesidad, pero cada vez hay más gente que también ve su atractivo; y su creciente predominancia facilita el que todos negociemos flexibilidad en nuestro trabajo.

Mainiero y Sullivan también notaron que los hombres jóvenes, y los mileniales en general, tienen una mayor tendencia a dar prioridad al equilibrio, incluso al principio de sus carreras. Mainiero me dijo que sus estudiantes decían frecuentemente que en vez de trabajar para una gran firma financiera en Manhattan después de graduarse, preferían tener una vida más equilibrada.

Las mamás que prosperan en una trayectoria profesional menos lineal comparten estas estrategias para tener éxito:

◆ Continúa trabajando a algún nivel, incluso durante los años más complicados, cuando tus horas de sueño se vean afectadas, tengas que lidiar con varios hijos menores de cinco años y sientas que tu nivel de estrés se encuentra en sus límites. Si optas por salir temporalmente de un trabajo a tiempo completo, puedes seguir manteniendo tus cuentas en las redes sociales y tu identidad profesional, contactos, redes y habilidades aceptando trabajos a corto plazo. Las mamás que no hacen esto ponen su poder adquisitivo futuro en riesgo. Incluso las que asumen la identidad de ama de casa encuentran a menudo la forma de mantenerse dentro del mundo profesional, escribiendo un blog, entrenando, haciendo voluntariado y asistiendo a conferencias de su sector.

◆ Piensa como emprendedora. Sea que traten de hacerse un nombre en Twitter o LinkedIn, mantener la presencia y los contactos cuando se reduce el trabajo a tiempo completo, o de aceptar algunos acuerdos como ingreso suplementario, las mamás que adoptan una trayectoria profesional no tradicional siempre se mantienen activas. Siempre están buscando la siguiente oportunidad y atrayendo nuevas prospectivas dándose a conocer por las habilidades y experiencia que poseen.

◆ Di que sí a las oportunidades adecuadas. En el estudio de Pamela Stone y Meg Clare Lovejoy, muchas mujeres que encontraron la forma de volver a la fuerza laboral tras un descanso accedieron a la siguiente oportunidad profesional casi por accidente. No salieron y solicitaron puestos disponibles ni mandaron sus currículos; en vez de ello, antiguos contactos y gente de su red de contactos que conocían sus habilidades les preguntaron si estaban interesadas en los puestos nuevos que ofrecían.

◆ Piensa a largo plazo. Los costos de cuidados infantiles son más elevados antes de que los niños comiencen la guardería, y a menudo las mamás (y los papás) sienten como si la totalidad de su salario mensual se destinara a que otra persona pase tiempo con sus hijos. Pero con el tiempo, esos gastos descienden y los ingresos aumentan, lo que hace que los años de escasez merecieran las dificultades.

◆ Ten siempre listo un plan B. Los trabajos pueden desaparecer de repente o convertirse en incompatibles con la vida familiar, o la persona que es la fuente principal de ingresos puede verse incapacitada de repente para trabajar. Las mamás listas están preparadas para adaptarse teniendo planes alternativos. Eso podría concretarse en una cuenta de ahorros considerable que tengas lista para ayudarte en los años de ingresos familiares mucho más reducidos, un negocio paralelo o trabajo independiente al que puedas saltar o un plan de negocios para servicios de consultoría con tus conocimientos profesionales. (Mi libro *The Economy of You* [Tu propia economía] explica cómo lanzar este tipo de negocio paralelo secundario).

◆ Sé consciente de que en ocasiones los recortes estratégicos pueden ser sensatos. A veces, aceptar un trabajo con una paga menor o incluso rechazar un ascenso que requeriría viajar más y hacer labores gestoras puede ser la elección correcta a largo plazo porque incrementa las posibilidades de que te mantengas en la fuerza laboral y continúes recibiendo ingresos.

◆ Sé receptiva en cuanto a reinventarte y tomar decisiones diferentes. Las mamás listas saben que la fuerza laboral, así como sus familias, cambian constantemente, lo que significa que la cantidad y el tipo de trabajo que quieren llevar a cabo también varía. Ellas se analizan a sí mismas (y a sus familias) continuamente e implementan ajustes.

◆ Aprovecha las prestaciones de la tasa de impuestos para padres trabajadores. Desde cuentas tipo IRA (por sus siglas en inglés) para la jubilación individual con beneficios fiscales hasta las cuentas de gasto flexible antes de los impuestos que te ayudan con el gasto de los cuidados infantiles, las mamás inteligentes las aprovechan todas para asegurarse que mantienen el máximo dinero posible en sus familias. Si no estás segura de qué programas están a tu disposición en estos momentos, pregunta a tu contacto de recursos humanos de tu empresa (o la de tu cónyuge) por la lista de prestaciones.

EL MÉTODO «HAZLO TÚ MISMA»

Para algunas madres, diseñar ellas mismas la trayectoria incluye opciones como el autoempleo, por elección propia o porque se dan cuenta de que sus trabajos tradicionales sencillamente no se ajustan a la maternidad de manera satisfactoria. Para Jordan Lloyd Bookey, todo comenzó con una gran idea. Como dirigente del equipo educativo de Google desde la guardería hasta duodécimo grado, sabía que muchos padres tenían dificultades para elegir entre todos los libros, aplicaciones y otras herramientas educativas disponibles para sus hijos. Cuando ella se convirtió en mamá (sus hijos son ahora prescolares), se tomó ese desafío aun más personalmente. «De repente, me sentí confundida acerca de qué recursos funcionarían correctamente con ellos», recuerda. «Estábamos abrumados por la cantidad de información que existe sobre educar a nuestros hijos; y queríamos encontrar una manera de ayudar a los padres a navegar por este panorama en pro de sus hijos en particular».

Así que decidió abandonar Google y lanzar Zoobean, que equipara libros, aplicaciones y otros recursos con las preferencias e intereses de los hijos. Centrándose en familias con hijos menores de ocho años, acabó haciendo muchas pruebas en su propio hogar, para asegurarse de que estaba llevando a cabo las mejores igualaciones para sus pequeños clientes. El empresario Mark Cuban, uno de los inversores del programa de ABC *Shark Tank,* reconoció la genialidad del concepto e invirtió 250.000 dólares en el negocio después de que Bookey y su marido, Felix Lloyd, aparecieran en el programa en 2014. Poco después, recaudaron 400.000 dólares adicionales y ahora continúan construyendo su negocio, expandiéndolo a través de acuerdos con bibliotecas y un servicio llamado Beanstack. Este permite que las bibliotecas adquieran una licencia de su sistema para ofrecer recomendaciones personalizadas a familias de la comunidad.

A pesar de que a Bookey le encanta construir una empresa que sabe que está ayudando a familias, también avisa que el horario puede llegar a ser incluso más extenuante que el de un trabajo tradicional. «La verdad es que es duro, mucho más que mi trabajo corporativo previo», dice ella. A menudo trabaja muy temprano por la mañana, antes de que los niños se levanten, y de nuevo por las noches. Aun así, le gusta controlar esas horas.

Eso es exactamente lo que descubrieron los investigadores que examinaron a las mamás autoempleadas. Nicholas Beutell, catedrático de administración en Iona College y Joy A. Schneer, su colega en la Universidad Rider, constataron que aunque los trabajadores independientes y los de las organizaciones trabajan un número de horas similares, aquellos que laboran de manera autónoma muestran unos niveles de independencia, flexibilidad y satisfacción vital —tanto como familiar— mayores.

Muchas mamás tienen trabajos que las llevan de manera natural a una faena independiente flexible, lo que les facilita entrar al mundo de los emprendedores. De acuerdo a National Women's Business Council [Consejo nacional de mujeres negociantes], hay cerca de 7,8 millones de mujeres propietarias de negocios en el país y el número ha ido creciendo de manera estable. Las industrias más populares entre las mujeres emprendedoras son la sanitaria, la educación, la venta al por menor y el entretenimiento.

Cuando le pedí a PayScale.com que me mandara los trabajos mejor pagados para «mompreneurs» [«Mamemprendedoras»] que trabajaban a tiempo parcial, la lista estaba llena de trabajos relacionados con la salud. Las enfermeras de familia, las higienistas dentales y las enfermeras registradas ganaban un salario promedio superior a veinticinco dólares por hora, con las enfermeras de familia a la cabeza ganando justo por encima de cuarenta y dos dólares.

Las mamás emprendedoras que entrevisté recomendaban lo siguiente a las aspirantes a ser propietarias de un negocio:

- Crea tu propio espacio. Si estás lanzando un negocio desde casa, querrás tener tu propio espacio dedicado a trabajar en ello, incluso si es un escritorio en la esquina de la sala de juegos. (De hecho, ese es mi lugar para escribir). Establecer límites acerca de dónde y cuándo trabajar puede facilitarles las cosas a otros miembros de la familia para que te ayuden a ser más productiva.

- Protege tus finanzas familiares. Dependiendo del tamaño y tipo de tu empresa, podrías considerar formar una LLC para mantener tus bienes personales y préstamos separados de aquellos relacionados con tu empresa. El seguro de responsabilidad a terceros también ofrece protección especialmente si corres el riesgo de ser demandada. Un servicio de ventas de magdalenas [también conocidas como ponqués o *cupcakes* en inglés) puede parecer inocente, pero si de manera accidental produces una intoxicación alimentaria a un cliente, no quieres que ese accidente amenace los ahorros de tu familia. Consulta con un abogado o profesional de las finanzas para asegurarte de que recibes la protección que necesitas.

- Sé ultraorganizada con el papeleo. Cuando tus ingresos y tus gastos provienen de una variedad de fuentes mientras construyes tu negocio, querrás asegurarte de tener un sistema de seguimiento que prevenga que te satures y facilite la declaración de impuestos, con o sin la ayuda de un contable.

- Forma equipo con otras mamás. Cuando estaba lanzando mi nueva tienda de planificación monetaria en Etsy, me encontré con una compañera mamá en Etsy que creaba tarjetas de felicitación ilustradas. La contraté para hacer las cubiertas de mis planificadoras y hemos trabajado juntas desde entonces. A menudo las mamás se interesan en trabajar con otras a cambio de un sueldo o intercambio de habilidades. Una mamá bloguera con experiencia en *marketing* podría escribir las notas de prensa a cambio de un par de horas de tus habilidades para el diseño web. Etsy, los llamados blogs de mamis, los grupos de Facebook y Meetup.com son unos medios fantásticos para hacer contactos.

- Mantén los costos de inicio de operaciones bajos. El auge de los comercios electrónicos, incluidos los mencionados aquí, facilita más que nunca lanzar un negocio pequeño y gestionarlo por muy poco en la línea del desembolso de los emprendimientos. Ni siquiera necesitas tu propia página web si empiezas a vender tus propios servicios a través de webs como Etsy o Fiverr, o a tramitar los pagos con PayPal. Mantener los costos de comienzo bajos también te aporta más flexibilidad para ajustar tus ofertas en función de lo que les gusta a los clientes y a la demanda.

- Ahorra e invierte las ganancias. Tras haber devuelto cualquier deuda restante de alto interés, las mamás listas ahorran e invierten el dinero de sus negocios en vez de gastar más en mejoras de su nivel de vida. De esa manera, pueden continuar aumentando su empresa sin añadir más presión a las ganancias. Incluso ganando al margen de un trabajo tradicional con 401(k), encuentran la manera de contribuir a los ahorros de jubilación a través de cuentas Roth IRA, IRA tradicional y otros tipos de cuentas de ahorros.

◆ Aprovecha tus habilidades favoritas. Las mamás se destacan cuando crean negocios que aprovechan sus mayores habilidades y valores, ya sea haciendo conexiones con otros, escribiendo o trabajando con tecnología. Si todavía estás sopesando ideas comerciales, reflexiona acerca de tus trabajos favoritos en el pasado, aficiones o incluso objetivos de la infancia. Busca páginas web de comercios electrónicos como Upwork (anteriormente oDesk y Elance) y Freelance. com para ver cómo otra gente hace dinero a través de productos y servicios. Piensa en para qué te piden ayuda tu familia y tus amigos porque cualquier cosa, desde habilidades —como planificador de eventos o cuidador infantil— puede convertirse en una fuente de ingresos.

A menudo, las mamás emprendedoras cuentan que tuvieron comienzos inspiradores en casa. Tamara Monosoff, autora de *The Mom Inventors Handbook* [El manual de invenciones de mamá], obtuvo su idea de un aparato que evita que los niños desenrollen papel higiénico, después de ver lo mucho que les gustaba a sus propios hijos desenrollar un tubo entero. Ahora ayuda a que otras mamás tengan ideas de «un millón de dólares», desde cajas para sándwiches hasta vasitos limpiadores de absorbentes. Nunca sabes cuándo te puede llegar la inspiración, ya sea cuando estés agachada sobre la bañera o haciendo tu milésima comida escolar.

MAMÁ LISTA, MAMÁ RICA
PASOS A DAR

1. Continúa trabajando y ganando dinero a algún nivel, incluso si es reducido, para mantener tu capacidad de ingresos.

2. Contempla las trayectorias profesionales no lineales, incluyendo el emprendimiento o trabajo independiente, que podrían ajustarse a ti y a tus objetivos laborales, especialmente durante periodos donde redujiste las horas de tu trabajo tradicional.

3. Si tienes un trabajo a tiempo completo, negocia los aumentos (y los ascensos o más responsabilidad) de manera periódica para asegurarte de que estás ganando tanto como deberías. Usa páginas web como PayScale.com para comprobar si te están pagando un salario competitivo por tu trabajo.

4. Considera los recortes estratégicos en el pago, especialmente si te permiten continuar trabajando de una manera en la que puedas permanecer más tiempo en la fuerza laboral de forma más satisfactoria. Gestiona y anticípate a esas fluctuaciones en las ganancias creando un fondo de emergencia que cuente con seis meses de ganancias como mínimo. Reevalúa constantemente si tu carrera y tu vida familiar se compaginan de la manera que quieres o si es hora de cambiar.

5. Desarrolla un plan de contingencia para que tengas algunas ideas sobre qué hacer si desapareciera tu trabajo actual. ¿Tienes un negocio secundario u otra carrera soñada, como enseñar, que te gustaría intentar?

6. Mantén tu marca personal digital, de manera que des a conocer las habilidades que quieres aportar al mercado laboral. Si te destacas en diseño web, deberías remarcarlo en tus cuentas de LinkedIn y Twitter, junto con las recomendaciones de compañeros y clientes. Esta estrategia es especialmente importante si te estás tomando un descanso de la fuerza laboral, para que puedas crear conexiones profesionales de manera más fácil con los profesionales de tu sector y elegir volver a trabajar cuando estés lista.

7. Si tus ingresos se reducen de manera temporal, asegúrate de que todavía aportas a los ingresos a corto plazo y a la cuenta para la jubilación. Si no calificas para un 401(k), considera una cuenta IRA. En 2015, el Transamerica Center for Retirement Studies [Centro transamericano de estudios sobre jubilación] encuestó a 1.600 personas que se describían como jefes de casa y descubrió que prácticamente la mitad carecían de un plan de ahorros para la jubilación. Puedes destinar una parte de los ingresos para el hogar a la jubilación incluso aunque no estés trabajando para evitar un lapso en las contribuciones. De este modo, tu dinero para los años posteriores continuará creciendo.

8. Aprovecha todos los beneficios fiscales disponibles para padres trabajadores; si actualmente no tienes acceso a prestaciones de tu trabajo tradicional como seguro de vida, considera inscribirte en uno de manera privada. (Para más detalles sobre el seguro de vida y otras medidas protectoras, lee el capítulo 6 «Jugar a la defensiva»).

5

MAMÁS INVERSORAS

Mientras el sol se ponía sobre el campo de golf rodeando el apartamento con vistas a la playa de mi abuela en Florida, me acurruqué frente a la parrilla junto a mi mamá y a mi abuela. Bebíamos nuestros *gin-tonics* mientras hablábamos con la vecina, que estaba enfrentando problemas para calentar la parrilla como a fin de asar las hamburguesas. «Mi marido siempre lo hizo por mí», explicaba un poco avergonzada.

A medida que el cielo se cubría tanto con manchas moradas como rosadas y los mosquitos salían para picarnos en las rodillas, la conversación adquirió un cariz más serio. El marido había muerto el año pasado dejándola manejar la parrilla —y una larga lista de otras labores— por sí sola. Me dio unos consejos, antes de internarse en su casa con su cena: «Las mujeres de hoy deberían aprender a hacer todo por sí mismas. No esperes hasta que tengas que hacerlo».

Esa es una lección que se aplica tan fácilmente a la carne picada como a las acciones fiduciarias. La gran mayoría de nosotras vamos a estar solas en algún momento, ya sea por elección, tragedia o por el simple hecho de que las esposas tienden a sobrevivir a sus maridos. Por eso necesitamos saber cómo gestionar nuestras inversiones con la misma confianza que tenemos para pagar facturas y planificar las comidas de la semana.

Por tradición, muchas de nosotras cometemos el error de ceder esos dominios a nuestros maridos. En un estudio sobre parejas e inversiones para la jubilación, Fidelity halló que, aunque el porcentaje de mujeres asumiendo responsabilidad en decisiones a largo plazo sobre jubilación ha crecido, todavía representa solo un 19%. De hecho, la mayoría de las mujeres dijeron que confiaban más en la habilidad de sus cónyuges en cuanto a gestionar las finanzas para la jubilación que en la de ellas.

Los maridos tendían a estar de acuerdo. Creen que son mejores gestionando las inversiones y también son los que desarrollan una relación personal con el asesor financiero de la pareja, si lo tienen. No sorprende, entonces, que la mayoría de las mujeres terminen buscando un profesional nuevo con el que trabajar tras la muerte de sus maridos.

Como reconocen que la mujer controla una cantidad de bienes masiva y en crecimiento, la industria financiera ha intentado lidiar con su «problema femenino» llegando a nosotras a través de seminarios web y panfletos. Superar la desigualdad de género de la misma industria es un desafío. De acuerdo con el Certified Financial Planner Board of Standards [Consejo de estándares de planificadores financieros certificados], solo el 23% de los profesionales CFP son mujeres. (El consejo está trabajando para cambiar la situación reclutando a más mujeres para el sector).

No podemos esperar a que la industria cambie. Pero podemos enseñarnos a nosotras mismas a aceptar a nuestro inversor interior ahora. Eso es lo que Angele McQuade hizo como mamá joven dejando su trabajo de asistente de producción de radio para poder cuidar de sus dos hijas mientras su marido se centraba en terminar su doctorado. Como carecía de un modelo financiero a seguir, decidió aprender por sí misma; así que empezó en la biblioteca echando un vistazo a libros como *Investing for Dummies* [Cómo invertir para principiantes].

Cuando conocí a Angele en una cafetería cierto día lluvioso, su rostro se iluminó al empezar a explicarme cómo aprendió a invertir por sí misma. Después de leer tanto como pudo en la biblioteca, empezó a invertir en el mercado de valores y se unió a Better Investing, una asociación sin fines de lucro. Aprendió a invertir en acciones y abrió cuentas para la jubilación para ella y su marido. «A medida que tratábamos de compaginar nuestras necesidades financieras crecientes con el pequeño estipendio de investigación de mi marido, me di cuenta de que quizás podría estirar nuestros ingresos aprendiendo más acerca de finanzas personales», dice. Esa investigación hizo que acogiera seminarios sobre inversión y enseñara inversión en la clase de su hija, así como que escribiera para la revista *Better Investing*. Más tarde, incluso escribió dos libros sobre clubes de inversores y cómo invertir.

A medida que sus hijos se hicieron mayores, quería ser capaz de decirles que podrían ir a cualquier universidad que quisieran. Su hija, explica, quería ser gerente de escenografía, lo que significaba cursar un programa universitario de cuatro años de artes liberales. «Ese tipo de escuela viene con una etiqueta de precio elevada», dice. Gracias a sus inversiones inteligentes, Angele está preparada para ayudar a pagarlo. «Quería que nuestros hijos tuvieran más de lo que tuve yo financieramente cuando crecí. Como mamá ama de casa, aprender más acerca de gestión monetaria e inversiones parecía la manera más prometedora y rentable de ayudar a que eso sucediera», afirma.

McQuade se ajusta al perfil de un tipo nuevo de mujer inversora: la que disfruta su función de aumentar el patrimonio familiar. Una encuesta realizada en 2014 por Wells Fargo a 1.800 mujeres de entre cuarenta y ochenta años con activos invertibles de 250.000 dólares o más constató que cerca de la mitad se consideraban a sí mismas como las personas encargadas a gestionar la cartera de inversiones de su familia. (Las mujeres jóvenes de la encuesta, aquellas en su cuarentena, eran las que tenían más probabilidades de decir que eran las encargadas). Dos de cada tres mujeres de la encuesta dijeron que encontraban «emocionante» ver crecer sus inversiones en el mercado de valores. No es sorprendente que la mayoría dijeran estar relativamente preparadas para sus futuras jubilaciones, con una media de ahorros de 600.000 dólares y el objetivo de llegar a un millón para el momento de la jubilación.

Las mamás inteligentes incorporan la inversión a sus vidas porque saben que es un aspecto tan esencial del cuidado de sus familias como limpiar las narices que moquean y leer historias para irse a dormir. Normalmente empiezan a invertir pronto, pero si empiezan en el último momento, compensan el tiempo perdido siendo más agresivas con sus elecciones. Se enseñan a sí mismas tanto como pueden acerca de las opciones de invertir leyendo noticias financieras y comparando los servicios ofrecidos por los distintos proveedores financieros para elegir el que mejor se ajuste a ellas. Dan prioridad a administrar sus inversiones, dedicando tiempo de manera regular a revisar sus opciones e implementar actualizaciones. Si deciden trabajar con un profesional de las finanzas, eligen uno con el que sientan que tienen una conexión personal y mantienen cerca fichas en cuanto a dónde está yendo el dinero y cómo se está gestionando. Pero, sobre todo, disfrutan invirtiendo. Les hace sentirse bien y más seguras acerca de su propio futuro y el de su familia.

ENCUENTRA TU INVERSORA INTERIOR

Dado el progreso que hemos hecho con relación a la igualdad de género desde la época de nuestras abuelas, es impactante cómo todavía existe una industria de finanzas más enfocada en uno de los dos géneros. Para el momento en el que les decimos a nuestras hijas que pueden crecer para ser lo que quieran, ¿cómo es posible que incluso las niñas pequeñas hablen menos de dinero e inversiones con sus padres que los niños? En una época en la que hay más mujeres licenciándose que hombres, ¿cómo es posible que los hombres ya acumulen en su veintena muchos más activos invertibles que las mujeres? (El margen es de 58.500 dólares frente a 31.400 dólares de acuerdo con un estudio sobre mileniales elaborado por Wells Fargo en 2014). Y, lo que quizás es todavía más preocupante, ¿por qué hay tantas mujeres tan absolutamente poco preparadas que deben depender de otros miembros de la familia o están en la pobreza?

De acuerdo a Transamerica Center for Retirement Studies, solo el 7% de las mujeres se sienten «muy confiadas» en su habilidad para retirarse cómodamente. No en balde, una encuesta realizada por Transamerica en 2014 a 4.000 trabajadoras constató que los ahorros para la jubilación de las mujeres se encontraban por detrás de los de los hombres en cada franja etaria. Para mujeres trabajadoras, los ahorros para la jubilación promedio eran 47.000 dólares frente 74.000 para los hombres. Las mujeres en su cincuentena, que están acercándose a la edad de jubilación, tenían un promedio de 70.000 dólares en sus cuentas para la jubilación.

Esas figuras ayudan a explicar por qué las últimas estadísticas del gobierno muestran que el 12% de las mujeres por encima de los sesenta y cinco años viven en pobreza; para las mujeres divorciadas, se encuentra en el 21%. Eso es un montón de mamás mayores con problemas para llegar a fin de mes.

En un sistema en el que la jubilación está principalmente financiada por nuestros propios ahorros y no por pensiones patrocinadas por empresas o salarios gubernamentales, tenemos que aprender a invertir, y hacerlo sabiamente, si queremos disfrutar de los llamados años dorados. Nuestras vidas dependen literalmente de ello. Para mujeres más jóvenes en su veintena y treintena, es incluso más importante. Con más dinero saliendo del sistema que entrando, la seguridad social se encuentra amenazada constantemente. Las prestaciones podrían ser recortadas y las edades de jubilación extendidas. Para mamás que pasan tiempo fuera de la fuerza laboral por cuidar a los niños o a los padres, los beneficios del seguro social son de por sí más bajos, porque no obtenemos «crédito» por esos años. Los pagos están basados en los treinta y cinco años en los que ganaste más; si gastaste mucho durante tu edad adulta cuando no trabajabas, quizás tengas «ceros» contando por algunos de esos años, lo que reduciría tus beneficios mensuales. Todos esos factores ejercen una mayor presión sobre nuestras espaldas para costear nuestros propios futuros sin la red segura de prestaciones gubernamentales.

En un evento sobre ahorros para la jubilación en Capitol Hill en 2014, Karen Wimbish, directora de jubilaciones individuales de Wells Fargo, señaló que las mujeres están cometiendo exactamente los mismos errores en cuestiones de ahorros para la jubilación que sus madres y sus abuelas. Temen al mercado de valores y evitan arriesgarse, lo que significa que su dinero no crece tan rápido como las inversiones de sus colegas hombres. El hecho de que, en promedio, las mujeres ganen menos también contribuye a que tengan un promedio más bajo de tasa de ahorro y activos invertibles. El problema se agrava cuando esas mujeres jóvenes se convierten en mamás y empiezan a tomar descansos en su vida laboral para centrarse en el cuidado de los niños, reduciendo mucho sus ingresos y, en consecuencia, sus ahorros.

La falta de confianza financiera se cita una y otra vez en los estudios intentando llegar al fondo de la problemática de las mujeres inversoras. Por desdicha, no hay manera de inyectarnos una pócima secreta de confianza a tiempo de vigorizar nuestras cuentas de ahorros. A menudo, nuestros sentimientos y actitudes se remontan a la infancia y a la manera en la que veíamos que nuestros propios padres (especialmente nuestras mamás) gestionaban el dinero y aquellas memorias no pueden desaparecer con una pequeña charla con un asesor financiero o el líder de un seminario de finanzas.

Como la determinación de una persona de la postguerra en bikini para participar en un baño de osos polares en la víspera de Año Nuevo, sencillamente tenemos que cerrar los ojos y saltar. No va a ser cómodo, quizás incluso doloroso, pero refrescante en última instancia, llegando incluso a cambiar la vida.

El primer paso es calcular el número de tu jubilación o la cifra que necesitas ahorrar antes de jubilarte, de manera que sabes a que aspira tu cuenta más importante de inversiones, la dedicada a tu jubilación. Puedes meterte en Internet y buscar una calculadora digital para estimar tu jubilación (Bankrate.com o la institución financiera que se ocupa de tu dinero son buenos para empezar), que te hará una serie de preguntas personales: ¿Cuándo esperas retirarte? ¿Cuánto dinero ganas? ¿Cuánto dinero pones en tu cuenta de la jubilación cada mes? Entonces la calculadora te dará un número. La figura, que probablemente supere con creces el millón o incluso los dos millones o más, puede que te impresione y que te haga adoptar los siguientes pasos.

El siguiente paso es, sin sorpresas, redirigir más dinero de tu salario a cuentas para la jubilación. Si tienes un empleado que te ofrece 401(k), puedes hacer esto automáticamente. Puedes registrarte para que un porcentaje de tu sueldo sea deducido e invertido en tu 401(k) cada periodo de pago. Puedes comenzar con un porcentaje modesto, como un 5%, e ir subiéndolo gradualmente. En promedio, a lo largo de tu vida, quieres aspirar a destinar un 15% de tu salario a la cuenta para la jubilación. Esa es la cantidad típica que el Center for Retirement Research de la Universidad de Boston estima que debes retirar. (Los hogares con mayores ingresos necesitan ahorrar un porcentaje mayor). Pero cuanto antes empieces, menos tendrás que ahorrar porque el dinero tiene más tiempo para crecer.

En efecto, el análisis del centro muestra que, si comienzas a ahorrar a los veinticinco años y te retiras con sesenta y siete, solo necesitas destinar el 7% de tus ingresos a cuentas para la jubilación. Pero si esperas hasta los treinta y cinco años, el porcentaje se dispara hasta un 12%. Si no comienzas hasta que tienes cuarenta y cinco años, tienes que ahorrar el 20% para alcanzar los ahorros necesarios para una jubilación cómoda, esto es, que tus ingresos anuales sean el 70% de los ingresos antes de la jubilación, un objetivo razonable. (Dependiendo de tu nivel de ingresos, podrías alcanzar el límite anual libre de impuestos que era de 18.000 dólares en 2015, para contribuciones al plan 401(k) cuando se ahorran estos porcentajes, pero sigues pudiendo ahorrar cantidades ilimitadas de ganancias posteriores a los impuestos).

En otras palabras, aunque el 10% es una buena base, 15% o 20% es un objetivo mejor si quieres poder sustituir cómodamente tus ingresos para la jubilación. Podemos aspirar a obtener un rendimiento promedio del 10% cada año, como experimentaron nuestros padres en el siglo veinte, pero contar con recibir un 6% es más seguro. Ese es el motivo por el que Olivia Mitchell, economista de la Escuela Wharton de la Universidad de Pensilvania y líder de opinión en el campo de los ahorros para la jubilación, apremia a sus hijas de veintitantos a ahorrar entre el 15% y el 25% de sus ingresos actuales para la jubilación. (Otro aspecto es nuestra alta expectativa de vida: señala de que una de cada cuatro mujeres nacidas hoy vivirá hasta los noventa y cinco años).

Si eres autónoma, trabajas a tiempo parcial o te estás tomando un descanso de la fuerza laboral, podrías calificar tanto para una cuenta Roth IRA como para el IRA tradicional. Las Roth IRA son cuentas posteriores a los impuestos; si tus ingresos familiares son menores que la cantidad que califica (en 2015, por debajo de 183.000 dólares para parejas casadas), entonces puedes contribuir hasta un límite de 5.500 dólares (o a unos 1.000 dólares adicionales si tienes cincuenta años o más). El dinero no suele ser tasado cuando tomas distribuciones en la jubilación. Las cuentas de IRA tradicionales funcionan más o menos igual, pero el dinero se contribuye antes de los impuestos y pagas tus impuestos sobre las distribuciones después. Ambas opciones son especialmente interesantes para las mujeres que se toman un descanso de la fuerza laboral para cuidar de los niños, porque, aunque no tengan 401(k), el beneficio propio de un lugar de trabajo tradicional, todavía pueden contribuir al IRA, en función de los ingresos de su pareja, siempre y cuando hagan una declaración conjunta. No es el tamaño de tus ingresos, sino cómo ahorras lo que determinará tu seguridad financiera futura. Los límites pueden parecer bajos, pero si inviertes 5.500 dólares en una cuenta IRA hoy y crece a un ritmo del 7%, se convertirán en 58.721 dólares cinco años después. Hazlo varias veces, y estarás en camino a lograr una reserva significativa.

Tan pronto como hayas organizado tus cuentas, es hora de seleccionar tus inversiones. Ahora es cuando se vuelve un poco más complicado y cuando mucha gente se mete en problemas. En particular, las mujeres tienen tendencia a ser más conservadoras de lo normal a la hora de seleccionar las inversiones para estos fondos de jubilación, lo que termina dañándolas a largo plazo. Si dejamos nuestro dinero en lugares seguros, como fondos del mercado de valores, será menos arriesgado, pero no crecerá al ritmo necesario para obtener un patrimonio significativo con el paso del tiempo. En su lugar, necesitamos seleccionar fondos que crezcan a largo plazo, de manera que nuestras inversiones trabajen tan duramente como nosotras.

Podrías optar por fondos indexados, que reflejan una gran parte del mercado, o un fondo con fecha límite, que transfiere automáticamente dinero a inversiones más conservadoras a medida que te acercas a la jubilación. También puedes seleccionar una serie de fondos mutuales disponibles. El principio clave es tener presente que los riesgos y los rendimientos van de la mano, de manera que, si eliges un fondo por su alto rendimiento, también podrías perder dinero. Y conforme te acercas a tu jubilación, querrás cambiarte a fondos más conservadores, de manera que tus acciones no corran el riesgo de perder valor cuando vayas a necesitarlas. Pero si todavía faltan décadas para tu jubilación, entonces la mayoría de tu dinero debería invertirse con agresividad, en el mercado de valores, a través de unos fondos índice o fondos con fecha límite diversificados ampliamente. Cualesquiera que sean las inversiones que elijas, asegúrate de reajustarlas una vez al año como mínimo.

Si el proceso de selección es confuso o abrumador, también puedes buscar ayuda extra en forma de asesorías privadas ofrecidas por el administrador de las prestaciones o planes de recursos humanos, o por un asesor financiero privado con tarifas fijas. Estos asesores tienen la obligación de velar por tu mejor interés, y no cobran en función de los productos que te venden (por comisiones). También merece la pena considerar la forma de comunicarse; si prefieres correo electrónico, Skype o reuniones en persona, asegúrate de que tu asesor esté disponible. Quieres asegurarte de disfrutar trabajando con tu asesor. Recuerda, los consejeros no siempre saben cómo hablar con clientes mujeres y a veces terminan luciendo condescendientes o sexistas, así que asegúrate de que están de tu lado porque les pagas para eso.

AMOR Y DINERO

No hay nada malo en un poco de especialización en una relación. Es discutiblemente uno de los mayores beneficios del matrimonio. Tú puedes cocinar mientras que él tira la basura; puede que él sea siempre el que llene de gasolina el coche y tú la que hace las camas. Sin embargo, en cuestiones de dinero, la especialización puede acabar mal para todo el mundo porque, a pesar de los estereotipos, en realidad las mujeres son —en muchas maneras— mejores inversores que sus parejas masculinas.

Un informe de Fidelity sobre mujeres e inversiones señala que las mujeres tienden a ser mejores investigadoras y planificadoras, siendo ambas buenas cualidades cuando se trata de invertir. Mientras que los hombres tienden a ser demasiado confiados, las mujeres buscan mayor información y guía antes de tomar decisiones. Las mujeres también tienden a asustarse menos por las caídas del mercado, dejando el dinero ahí para que supere las recesiones, lo que les ayuda a largo plazo. A diferencia de los hombres, no tratan de «vencer al mercado», algo que es imposible. Además, un porcentaje mayor de hombres comete el error de poner todo su dinero en acciones (11% de los hombres frente a un 8,1% de las mujeres). Asimismo, Fidelity señala que las mujeres ahorran un porcentaje mayor de sus ingresos para la jubilación, a pesar de ganar menos. En promedio, las mujeres contribuyen a su cuenta para la jubilación con un 8,3% de sus ingresos, comparado con los hombres, que destinan el 7,9%.

La fuerte tendencia de las mujeres a invertir me fue presentada por Meredith Jones, una profesional de las finanzas que estudia el rendimiento de fondos gestionados por mujeres. Su libro de 2015, *Women of the Street: Why Female Money Managers Generate Higher Returns (and How You Can Too)* [Mujeres públicas: por qué las administradoras de dinero femeninas generan rendimientos elevados (y tú también puedes hacerlo)], documenta la ventaja de las mujeres inversoras: tendemos a negociar menos, mantener la estrategia elegida y evitar la volatilidad (y las tasas) que pueden provenir de una negociación frecuente. «Las mujeres tienden a ser inversores muy disciplinados», dice. Asimismo, para impulsar una mayor diversidad en la industria financiera, Jones anima a los hombres de la industria financiera a adaptar algunas de esas estrategias que a menudo siguen las gestoras financieras.

Dadas todas esas decisiones inteligentes que tomamos por nosotras mismas, ¿por qué todavía muchas delegamos en nuestros maridos cuando se trata de cuentas conjuntas? Debo admitir que, al principio de mi matrimonio, yo misma caí en esa trampa. Cuando nos casamos, combinamos todas nuestras cuentas de ahorros y dejé que mi marido las gestionara. Sabía vagamente cuánto dinero teníamos en nuestras cuentas y cómo acceder a las mismas, pero no las supervisaba mucho. Mi marido guardaba una hoja de Excel protegida con contraseña con nuestras finanzas y yo, me avergüenza admitirlo, ni siquiera sabía la contraseña. (Solo pregunté por ella hace poco mientras escribía este capítulo).

Luce tan retrógrado como un episodio de la serie dramática británica *Downton Abbey*; de hecho, un diálogo de la quinta temporada de ese drama televisivo ambientado en principios de siglo parecía demasiado familiar: la señora Patmore, la cocinera, le dice a la señora Hughes, la ama de casa, que el señor Carson, el mayordomo, le ha sugerido que invierta su dinero en una constructora local, pero que ella no está segura de si es un movimiento inteligente. La señora Patmore dice que no quiere poner su dinero en algo que no entiende, un sentimiento que el mismo Warren Buffett comparte. Cuando la señora Hughes pregunta por qué se molesta en pedirle permiso al señor Carson, la señora Patmore dice que el único motivo es el género de él.

Ceder el control financiero a nuestros hombres es un problema por muchos motivos. En casos extremos, puede ser un signo temprano de una relación abusiva. De acuerdo con un estudio elaborado por Judy Postmus, directora del Center on Violence Against Women and Children [Centro sobre violencia contra las mujeres y niños] de la escuela de trabajo social de la Universidad Rutgers, a menudo los maltratadores controlan las finanzas de la pareja, restringen información, deniegan a sus mujeres el acceso a los fondos e incluso arruinan el historial de crédito de sus víctimas a propósito para interferir en su capacidad de ganar dinero. De hecho, un programa de educación financiera que le pareció útil para ayudar a las supervivientes a reconstruir sus vidas comienza con una lección sobre seguridad económica: cómo asegurarte de que siempre tienes acceso a efectivo y cómo forjar tu crédito teniendo cuentas a tu nombre y guardando cuidadosamente el historial financiero y privado importante, como certificados de nacimiento y tarjetas del seguro social. Incluso si optamos por cuentas separadas, como hacen muchas parejas, deberíamos estar al tanto de cómo se gastan nuestros ingresos familiares y saber cómo acceder a esas cuentas. Los comportamientos controladores en cuanto a las finanzas son una bandera roja que puede indicar una relación poco sana o incluso abusiva.

Aunque, por dicha, muchas de nosotras no tenemos relaciones abusivas, estamos modelando el comportamiento financiero para nuestras hijas (e hijos) simplemente por cómo administramos nuestras vidas, y esa es razón suficiente —en cuanto a mí se refiere— para adoptar un papel más activo al gestionar nuestras inversiones. Y si eso no es razón suficiente, también hay otros motivos más útiles: juntos pueden tomar decisiones inversoras mejores que las que tomaría tu pareja sola, según afirma el informe de Fidelity. También quieres tener acceso inmediato a los fondos en caso de una tragedia, como el fallecimiento inesperado de tu cónyuge. Cuando nos reunimos con nuestro abogado planificador de sucesiones para elaborar nuestros testamentos y revisar nuestras cuentas financieras, noté que mi nombre ni siquiera aparecía en todas las cuentas financieras de mi marido, una situación que solventamos rápidamente. Al final, el hecho de que probablemente sobrevivamos a nuestros maridos significa que en algún momento, gestionaremos esas cuentas nosotras mismas, y no queremos encontrarnos entrando en esas cuentas por primera vez, para lidiar con decisiones sobre inversión, en un estado anciano y apesadumbrado. Prefiero comenzar a practicar, y cometer errores, pronto.

Si estás preparada para aceptar tus deberes financieros dentro del matrimonio, aquí hay algunos comienzos conversacionales para poner las cosas en funcionamiento. Tú y tu esposo pueden convertir eso en algo divertido organizando una hora sin niños, acompañada de la bebida preferida de ambos y hacer algo entretenido después, como tener una cita amorosa de verdad.

- ¿Dónde está nuestro dinero ahora? Es útil tener una lista de las cuentas, junto con todos los números de cuenta relevantes, información de contacto y contraseñas relacionadas, que deberían guardarse en un lugar seguro, ya sea digitalmente en el computador o en un archivo seguro en casa.
- ¿Cuál es nuestra estrategia de inversión? ¿Cuáles son nuestras prioridades? Si están haciendo cuentas de ahorros para la jubilación, quizás quieras revisar con cuánto está contribuyendo cada persona en estos momentos y cómo se invierte. Si están ahorrando para una gran compra como una casa, querrán redirigir dinero a un fondo conservador y a corto plazo, como un fondo del mercado de valores.
- ¿Qué acciones financieras tenemos que adoptar el próximo año? ¿Y en los próximos cinco años? Las ideas incluyen una reunión con un planificador financiero, adquirir más seguro de vida o abrir una cuenta tipo 529 para la matrícula universitaria.
- ¿Hay algo acerca de nuestra vida financiera que queramos cambiar? Gastar menos es un objetivo habitual.
- ¿En qué manera estamos preparados para afrontar una crisis

inesperada como la pérdida de un empleo, un problema de salud a largo plazo o un familiar necesitado? Asumir labores de cuidado de un padre mayor o dar dinero a un familiar necesitado son situaciones comunes que pueden añadir mucha presión financiera y emocional a los cónyuges, lo que se agrava si no estás de acuerdo con cómo gestionarlo.

Esa conversación sobre dinero puede convertirse en una parte normal de la relación de ustedes. Estas conversaciones pueden parecer difíciles, sobre todo si no las han tenido, pero verdaderamente tienden a mejorar la vida amorosa de ambos y hasta la sexual. JoAnneh Nagler, profesora de yoga, entrenadora financiera y autora de *The Debt-Free Spending Plan* [Plan de gasto para librarte de la deuda], dice que cuando empezó a hablar de dinero y a desarrollar un plan de gasto para ayudar a pagar la deuda con su esposo, descubrieron que hablar de dinero podría ser un afrodisíaco, principalmente porque redujo sus niveles de estrés. Pagar 80.000 dólares de deuda que les había perseguido durante años la hicieron sentir más libre y enérgica. Si eso no es un buen motivador, no sé qué lo es.

HACIA EL FUTURO Y MÁS ALLÁ

Para muchos de nosotros, la jubilación es solo uno de los objetivos a largo plazo para los que ahorramos e invertimos. El otro es la universidad. Queremos poder enviar a nuestros niños a la universidad y verlos graduarse sin contraer una deuda estudiantil agobiante. Michelle Singletary, columnista de finanzas del *Washington Post* lleva esto tan lejos como decir que los padres tienen la obligación moral de pagar por la universidad, ya que poseer una licenciatura es requisito para poder tener éxito en la economía actual.

Estés de acuerdo o no con ese imperativo legal, desde luego que será bueno mirar a tus hijos a los ojos y decirles que pueden ir a cualquier institución y que el dinero no es un factor limitador. Ese es uno de los motivos por los que Angele McQuade se sintió tan motivada para aprender a invertir de manera autodidacta. También es una de mis preocupaciones principales. Por desgracia, a menudo eso entra en conflicto directo con nuestra seguridad financiera.

Ahorrar para la jubilación frente a ahorrar para la universidad es una elección a la que se enfrentan todos los padres. Una encuesta de 2014 elaborada por Allianz descubrió que la presión para elegir entre los dos es especialmente alta entre los padres solteros: tres de cada cuatro encuestados dijeron que intentar llegar a ambos casos es estresante, sobre todo en lo que respecta a las madres solteras que traían a casa unos ingresos promedio de 78.000 dólares. Ocho de cada diez madres solteras dijeron que les estresaba intentar ahorrar de manera simultánea para la universidad y la jubilación.

Si solo tienes cabida en tu presupuesto para uno de estos dos objetivos de ahorro, ese debería ser tu jubilación (y eso incluso después del asunto más apremiante de tener un fondo de emergencia que, como poco, equivalga al menos al valor de ahorrar durante seis meses). Sencillamente no hay nadie más que vaya a financiar los años en los que no trabajes y, si vives en pobreza, será una sobrecarga masiva para tus hijos, asumiendo que se encuentren en posición de poder ayudarte. Con relación a la matrícula universitaria, los hijos siempre pueden elegir una escuela menos cara, trabajar mientras están en la universidad o solicitar préstamos.

Si tienes algo de flexibilidad para financiar ambos objetivos, entonces puedes abrir una cuenta 529 de ahorros para la universidad, que ofrece ventajas fiscales, incluyendo la excepción de los impuestos federales sobre las ganancias. Algunos estados ofrecen incluso deducciones por dinero contribuido a sus propios planes. (Los estados patrocinan sus propios planes; aunque eres libre de elegir cualquier plan, podrías beneficiarte más, en el aspecto fiscal, eligiendo el de tu propio estado). Un análisis elaborado por Vanguard para el *New York Times* mostró que, si pones 5.000 dólares al año en una cuenta de ahorros 529 que crezca un 6% por año, después de dieciocho años tendrás 179.140 dólares en tu cuenta para gastos educativos. (También puedes jugar con tus propias cifras usando los calculadores de ahorros universitarios de FINRA.org, Bankrate.com, Fidelity.com, o tu propia institución financiera).

Algunos empleadores ofrecen la opción de realizar depósitos directos de tu sueldo a la cuenta de ahorros universitaria, lo que puede facilitar el ahorro automático. También puedes abrir una cuenta de ahorros normal después que pagues los impuestos dedicada a futuros costos universitarios. Y, como con la cuenta para la jubilación, puedes transferir dinero a inversiones más conservadoras a medida que se acerca el momento en el que tu hijo finalice la escuela secundaria o elegir un fondo con fecha límite que realice esos cambios por ti. Los principios de inversión son los mismos: debes seleccionar inversiones con tasa baja o sin ella que ofrezcan una mayor exposición al mercado. Si eres demasiado conservadora, el dinero no crecerá lo suficiente para pagar la factura de la matrícula. (La página web Savingforcollege.com es un recurso de planificación fantástico, y el propio plan de ahorros universitarios de tu estado puede ofrecer orientación oficial específica).

Si vives en un estado que ofrece planes de matrícula de prepago, otra opción es congelar el valor de las matrículas de hoy para más tarde, independientemente de lo mucho que suba. Puedes solicitar dinero para la matrícula en cualquier colegio del país, incluidos los privados.

Sopesar esta variedad de opciones y moverte entre las prioridades que compiten entre sí requiere tomar decisiones juiciosas y, en última instancia, lanzarse a cierto nivel de inestabilidad. Mi marido y yo pospusimos abrir una cuenta 529 años después del nacimiento de nuestra hija. Parecía complicado, pues requería mucho papeleo y controlar otra cuenta. Durante algún tiempo, incluso nos convencimos de que no la necesitábamos. Asumimos que simplemente podríamos usar nuestros ahorros normales cuando llegase la hora o conseguir el efectivo de alguna manera a través de una fuente de ingresos nueva (¿la lotería, quizás?).

Sin embargo, investigar para este capítulo me mostró lo equivocada que estaba. Sabía que las mamás más listas a las que estaba entrevistando habían abierto cuentas 529 porque no querían perderse las excepciones de impuestos, además que también eran planificadoras. No estaban dependiendo de que alguna reserva milagrosa surgiera de la nada tan pronto como sus hijos e hijas estuvieran preparados para la universidad, como yo tampoco debería.

Así que una noche antes de ver la televisión, tuvimos una pequeña conversación sobre dinero y acordamos que era hora de que investigásemos nuestras opciones sobre cuentas 529 y, al fin, abrir algunas cuentas, una por cada hijo. Un poco de matemáticas sencillas nos mostró que podríamos ahorrar fácilmente miles de dólares abriendo una cuenta 529, en la que las ganancias no estuvieran sujetas a impuestos federales, frente a continuar con nuestro plan original de depender de ahorros normales posteriores a los impuestos. Investigué mis prioridades principales al día siguiente usando el U.S News 529 Finder y pronto observé que, como residentes de Maryland, podíamos disfrutar de beneficios fiscales completos, incluyendo una deducción de tasas estatales para contribuciones, si abríamos una cuenta de ahorros universitaria de Maryland. (Cada estado tiene sus propias leyes fiscales, así que querrás revisar las opciones de tu estado. Normalmente la web del estado es un buen comienzo. Y el dinero puede seguir dirigiéndose a la matrícula en cualquier estado, no solo el tuyo).

Cuando tomamos esa decisión, hice un seguimiento a cada uno de los números de seguridad social de nuestros hijos. Me tomó casi diez minutos llenar los formularios en línea y crear las cuentas. Ahora, las revisaremos una vez al año como mínimo, transferiremos dinero a la cuenta y estableceremos esos ahorros de manera que estemos preparados, al menos financieramente, cuando llegue el momento de que nuestra hija y nuestro hijo vayan a la universidad. Me arrepiento de no haber abierto la cuenta de ahorros de la universidad antes, cuando nació nuestra hija hace cinco años, pero también sé que perdonarte a ti misma y avanzar a partir de problemas económicos pasados es una cualidad característica de las mamás listas.

MAMÁ LISTA, MAMÁ RICA
PASOS A DAR

1. Haz de la inversión un aspecto importante de tu vida. Si todavía no tienes tu propia cuenta de inversiones, como una cuenta de jubilación en la modalidad Roth IRA, o 401(k) a través de tu empleador, abre una. Documéntate acerca de los distintos tipos de valores con especial hincapié en los fondos indexados, que realizan un seguimiento al mercado, y los fondos con fecha límite, que modifican el nivel de riesgo a lo largo del tiempo haciendo que tus inversiones sean más conservadoras en definitiva. Si actualmente te estás tomando un descanso de la fuerza laboral para cuidar

de los niños, todavía puedes ahorrar en una cuenta IRA (a menudo llamada IRA de esposa), basada en las ganancias de tu cónyuge, siempre y cuando hagan una declaración conjunta de impuestos. Si todavía estás maximizando las ventajas fiscales de las cuentas de jubilación, entonces puedes ahorrar más dinero para ese fin en una cuenta normal. Eso puede ayudar a compensar los pagos del seguro social más bajos debido al tiempo dedicado a cuidados o a recortes en las prestaciones futuras.

2. Analiza y reajusta la cartera de cuentas de inversiones una vez al año como mínimo. En general, es sensato cambiar a inversiones más conservadoras como bonos o tesorerías y salir del mercado de valores conforme te acercas al momento en el que necesitarás el dinero, el año en que planees retirarte o, en el caso de los ahorros universitarios, el año en el que tu hijo comenzará la universidad. (Los fondos con fecha límite hacen esos cambios por ti).

3. Si compartes cuentas de inversión con tu marido, asegúrate de que no abdicas en él toda la capacidad de gestión. Deberías saber cómo acceder a cada cuenta (lo que significa tener las contraseñas o información de contacto) y tomar decisiones de inversión juntos. Planeen citas periódicas cada ciertos meses para revisar todas las cuentas conjuntas de ahorros e inversión y aborden juntos cualquier paso a seguir. (Y, por cierto, si eres la encargada de las finanzas, como muchas mamás listas, asegúrate de que tu cónyuge sepa lo necesario como para tomar el relevo en caso de necesidad o cubrirte temporalmente en tu ausencia).

4. Calcula la cantidad de dinero que deberías aspirar a ahorrar antes de retirarte, en función de tu salario actual, la

fecha estimada de jubilación y otros factores, usando un calculador de jubilación digital ofrecida a través de Bankrate.com o tu propia institución financiera. Aspira a ahorrar como poco una tasa promedio del 15% a lo largo de tus años laborales.

5. Inscríbete en cuentas de inversión y ahorros a largo plazo que vengan con ventajas fiscales disponibles para ti, incluyendo una cuenta 529 para los ahorros universitarios si tiene cabida en tu presupuesto y un plan 401(k) o cuenta Roth IRA (o IRA tradicional) para el retiro. Aspira a destinar automáticamente al menos el 10% de tus ingresos a una cuenta para la jubilación como un 401(k), y un porcentaje más alto si comenzaste después de los treinta años. (Si te parece mucho, empieza con un porcentaje más bajo y auméntalo poco a poco). Acepta cualquier cantidad complementaria ofrecido a través de tu empleador.

6. Minimiza las tasas que pagas por tus cuentas de inversión seleccionando inversiones con tasas de gestión bajas, como los fondos indexados; pregunta siempre por las tasas incluidas antes de trabajar con un profesional o mover tu dinero a una cuenta nueva.

7. Si administrar tus inversiones a largo plazo te parece abrumador y tienes problemas a la hora de decidir cómo invertir, solicita ayuda. Comienza con cualquier programa de trabajo disponible a través de tu empresa o la de tu cónyuge. Muchas compañías, y las firmas de servicios financieros que gestionan las cuentas de jubilación para ellas, ofrecen seminarios gratuitos y asesoría individual para empleados registrados en cuentas de jubilación. Si no tienes ese servicio a la disposición, considera trabajar con un asesor financiero

por honorarios [en vez de comisiones] que te pueda guiar. Puedes encontrar uno en la página web de National Association of Personal Financial Advisors [Asociación nacional de asesores financieros personales] (NAPFA.org). Si en algún momento crees que tu asesor financiero está siendo condescendiente contigo o no entiende el tipo de ayuda que necesitas, busca otro.

8. Dale prioridad a ahorrar para tu jubilación más que a ahorrar para la futura matrícula de la universidad de tus hijos. Ellos siempre pueden trabajar y solicitar préstamos (así como elegir una universidad más barata), pero tú no tienes otra alternativa aparte de construir una reserva significativa.

6

JUEGA A LA DEFENSIVA

uando Barbara Stanny estaba creciendo, su padre, uno de los fundadores de H&R Block, le decía a menudo que no se preocupara por el dinero. «Mi padre era de la vieja guardia», recuerda. «Creía que crear y administrar dinero era un trabajo de hombres». La única cosa que recuerda que le dijera sobre dinero fue «no te preocupes».

Después, cuando se casó y se convirtió en mamá de tres niñas, no estuvo preparada cuando su marido comenzó a perder su dinero en las apuestas. «En el trascurso de nuestro matrimonio de quince años, perdió una fortuna de mi herencia y continué dejándole que gestionara el dinero por lo mucho que me intimidaba hacerlo yo», dice. Al fin se divorciaron y Stanny se encontró con casi un millón de dólares en facturas tributarias. No tenía dinero para pagarle al impuesto sobre la renta (IRS) y su padre no la rescataría.

Ahí, dice Stanny, fue donde llegó al fondo, lo que la forzó a hacer un curso acelerado de gestión monetaria. Comenzó leyendo tanto como pudo acerca de invertir, a asistir a clases y a escribir sobre dinero en su nueva carrera como periodista financiera. Al fin se encargó de las cuentas tributarias y reconstruyó su seguridad financiera, mientras sus hijas observaban. También aprendió a hacer crecer sus ingresos con el tiempo. «Sencillamente aumenté mis honorarios... Sabía que merecía ganar más por ninguna otra razón aparte de que lo valía», cuenta. Cuando se casó de nuevo, se aseguró de no repetir el error previo: mantuvo su dinero separado y gestionó sus propias inversiones. Ahora que es abuela, escribe, habla y entrena a otras mujeres a administrar su propio efectivo y así evitar que comentan sus errores costosos.

La experiencia de Stanny con una crisis financiera a su mediana edad es, por desdicha, habitual. En los recuerdos de 2015 que Alexandra Fuller expone en su libro *Leaving Before the Rains Come* [Partir antes que llegue la lluvia], ella narra la historia de su matrimonio y subsecuente separación dolorosa; cuenta que cedió despreocupadamente a su marido la gestión de las finanzas cuando se casaron. «Charlie tuvo el control de la parte monetaria de mi negocio desde el principio. Cuando los cheques de mis agentes llegaban, iban directamente a él. No tenía una tarjeta de crédito a mi nombre; no había nada bajo mi número de seguro social», escribe.

Ese sistema funcionó bien hasta que la relación se derrumbó. El negocio inmobiliario de su marido sufrió en la Gran Recesión y el hecho de que supiera tan poco sobre dinero se convirtió en combustible para sus peleas. Fuller recuerda que discutió cuando su matrimonio se hacía trizas: «Yo le dije una vez más que no entendía nuestras inversiones; que había confiado en él para que no llegáramos a esa situación. Él afirmaba que llevaba mucho tiempo intentando decirme que las cosas no habían ido tan bien; que yo había sido parte activa del declive de nuestra economía».

Liz Perle comparte una historia similar en sus memorias de 2006, *Money, a Memoir* [Dinero, una memoria]: «A él le encantaba controlar el efectivo, pagar las facturas, invertir el dinero y gobernar nuestros gastos. Y a mí me parecía más que bien», dice acerca de su marido. Cuando de repente quiso el divorcio, se dio cuenta de que ni siquiera sabía dónde estaba su dinero ni cómo acceder a él, ni mucho menos cómo usarlo.

El divorcio es solo una de las muchas experiencias que pueden conducir a la crisis financiera en la vida de una madre. La muerte, los accidentes que incapaciten al marido y las enfermedades también se encuentran entre los cambios que puede depararnos la vida. Incluso la deshonestidad financiera, como cuando un cónyuge nos oculta un problema de deuda, puede generar caos en tus finanzas familiares. Estas no son situaciones divertidas a considerar. La mayoría de nosotras, incluida yo, preferiríamos ignorar la posibilidad de que nos ocurran cosas terribles a nosotras y a la gente que queremos. Pero como todos somos adultos, y los pequeños dependen de nosotros, tenemos que forzarnos a adoptar medidas para proteger a nuestras familias. No tenemos que insistir en ello ni ser sensibleros por mucho tiempo, pero considera lo siguiente: las mujeres tienen muchas más probabilidades que los hombres de sobrevivir a su pareja, con una estadística de cuatro a uno. La Oficina del Censo de Estados Unidos informa que hay 170.000 viudas en el país, frente a solo 52.000 viudos entre personas de cuarenta y cuarenta y cuatro años, y que esa cifra aumenta. De acuerdo con la Oficina de Estadísticas Laborales, casi el 42% de los matrimonios terminan en divorcio antes de los cuarenta y seis años. Y una de cada cuatro personas tendrá discapacidad antes de llegar a la edad de jubilación, de acuerdo con el Council for Disability Awareness [Consejo para la concienciación de las discapacidades].

Si estos números no nos llaman a la acción, puede que las historias de otras mujeres lo hagan. Las memorias, los libros de historia y las películas están llenos de ejemplos admonitorios. Me sorprendí de nuevo con la verdad de que todas las mamás necesitan gestionar su propio dinero cuando vi *The Widow Lincoln* [La viuda de Lincoln], una obra de teatro sobre Mary Todd Lincoln, la viuda del presidente Lincoln y madre de dos niños, y su luto después de que mataran de un disparo a su marido. En la niebla de su recaída emocional, se preguntó cómo iba a gestionar sus finanzas ahora que no tenía ni ingresos ni marido. «¿Cómo pagaré alguna vez estas deudas?», preguntó, una cuestión hecha en 1865 que todavía resuena 150 años después.

De la misma manera en que conocer hoy a nuestro futuro «yo» puede ayudarnos a ahorrar para la jubilación, también puede hacerlo abrir nuestros ojos a las experiencias de mujeres que han vivido la pena de un divorcio, un fallecimiento y otras crisis. Si alguna mujer de tu familia tiene experiencia en rehacer su vida tras alguno de esos cambios, pídele que te cuente su historia. ¿Cómo lo hizo? ¿Qué hizo que fuera más fácil o difícil seguir adelante? Puede que el tema todavía esté reciente y no quiera hablar de ello, pero quizás lo haga, sobre todo tomando un té o un vino en una tarde o noche tranquila.

Esas conversaciones pueden hacer que seamos sinceras con nosotras mismas: ¿seríamos capaces de gestionar nuestro dinero si tuviéramos que hacerlo de repente? ¿Todavía podríamos permitirnos nuestra hipoteca y otros gastos básicos si los ingresos de nuestra pareja desaparecieran de repente? ¿Tenemos en orden los documentos de planificación patrimonial y las pólizas de seguros que nos ayudarían durante la transición a la vida como mamá soltera si tuviéramos que hacerlo?

Las mamás listas no niegan que es prácticamente seguro que gestionemos nuestro dinero nosotras mismas un día, por un motivo u otro. La mayoría de las que entrevisté administran sus finanzas en todas las fases de su matrimonio, de manera que cuando tengan que hacerlo por sí mismas no va ser conflictivo. Saben a qué archivos y documentos dirigirse en caso de una emergencia sanitaria, usan herramientas financieras como el seguro de vida y el seguro por discapacidad para protegerse de los eventos inesperados de la vida y miran a sus posibles futuros con los ojos abiertos. Protegen sus finanzas como las mamás osos defienden a sus cachorros porque saben que haciéndolo protegen la seguridad de sus familias.

ORGANIZAR EL PAPELEO

Tener sensación de dominio sobre tus finanzas y estar preparada para afrontar eventos inesperados comienza con tener el papeleo familiar en orden. La tarea es bastante exigente, especialmente cuando tienes hijos pequeños que parecen acumular tantos documentos emitidos por el gobierno en sus primeros años de vida, como los que has acumulado en todas tus décadas de existencia.

Cuando me convertí en mamá por primera vez, cometí el error de comprar un nuevo cuaderno para registrar cada detalle de las visitas de mi hija al doctor, junto con un sistema de archivo nuevo y una docena de ficheros de distintos colores, que planeaba usar para guardar todo, desde notas del pediatra hasta su certificado de nacimiento, pasando por mis propias observaciones acerca de su crecimiento y desarrollo. Pronto me di cuenta de que estaba intentando guardar demasiadas cosas en un solo lugar y que los documentos verdaderamente esenciales, como su tarjeta de seguro social, recientemente acuñada, se estaban perdiendo entre todo el conjunto de papeles referentes a la salud. Cuando mi hijo nació unos años después, tenía un sistema mejor y totalmente dominado. Por cada niño, mantengo una carpeta etiquetada con su certificado de nacimiento y su tarjeta de seguro social. Aparte, mantengo un cuaderno acerca de su desarrollo; tiene cartas que les escribo cuando me siento especialmente sentimental y el historial de cada una de sus visitas al pediatra durante su primer año. Cerca, pero también separada, se encuentra una carpeta de archivos familiares con facturas tributarias, documentos relacionados con la casa, detalles de la planificación patrimonial y el historial de mantenimiento del hogar. De este modo, si estoy fuera de casa o no estoy cuando se daña una tubería, mi marido sabrá a quién llamar; o al menos dónde buscar el número.

Aunque intento reducir el papeleo que guardo a una cantidad mínima, todavía lidio con recibos médicos innecesarios y otra parafernalia del día a día, así que al menos una vez al año lo reviso todo y separo una pila de papeles antiguos para triturarlos. De ese modo, puedo mantener la documentación familiar relativamente organizada, puedo localizar un aviso relativo al automóvil cuando lo necesitemos o puedo encontrar la información de contacto de nuestra compañía del gas cuando tenemos un problema.

Las siguientes instrucciones para crear un sistema de planificación familiar pueden adaptarse a tus propias circunstancias:

◆ Elige un lugar para los documentos más valiosos de la familia, incluyendo los certificados de nacimiento y matrimonio, tarjetas de identificación, historias de bienes (incluyendo casa y coches) y tarjetas de seguro social.

◆ Encuentra un lugar para guardar el historial de mantenimiento del hogar junto con la información de contacto de los servicios de reparación. Asegúrate de mantener el historial de mantenimiento de la seguridad del hogar: pruebas de la alarma de humos y reemplazo de la batería, alarmas de monóxido de carbono, pruebas de radón, pruebas de plomo y kits de emergencia. Aquí también debe guardarse una copia de cada factura regular de la casa para la información de contacto de la cuenta.

- Crea un documento para las cuentas de prestaciones relacionadas con el trabajo, incluidas las cuentas de gasto flexible y recibos relacionados, de manera que puedas organizar cada una de ellas con facilidad cada año antes de la fecha límite.

- Elabora un plan escrito de manera que los miembros de la familia sepan qué hacer si hay una emergencia meteorológica o de otro tipo que requiera de una evacuación inesperada, u otra alteración del típico día de trabajo o de escuela. Cada hogar también debería contar con suministros de emergencia que incluyan kits de primeros auxilios, comida y agua no perecederos que puedan durar tres días, linternas que funcionen con baterías adicionales y cualquier medicina que pudieran necesitar los miembros de la familia. Tener dinero en efectivo y números de contacto de otros miembros de la familia también puede ayudar, en caso de que la electricidad se vaya por un periodo largo.

- Encuentra una ubicación segura donde pongas una lista de las cuentas financieras y otros documentos para la planificación del patrimonio, incluidas instrucciones sobre salud y sobre algún testamento. Al menos una persona de confianza, como un abogado o miembro de la familia, debería tener una copia o saber cómo encontrar esos documentos. Organizar esos papeles también da la oportunidad a las parejas de hablar acerca de las cuentas y deudas que tenga cada persona, a fin de evitar sorpresas indeseadas en el futuro. Las herramientas como FileThis ofrecen almacenamiento digital seguro para la mayoría de los tipos de documentos financieros, de manera que se pueda reducir el papeleo y la búsqueda fácil de lo que necesites. También puedes utilizar una aplicación como JotNot para almacenar documentos a los que quieres acceder fácilmente, como historiales de vacunas y certificados de nacimiento. (Si sospechas de algo en cuanto a deshonestidad financiera o un problema económico oculto en casa, deberás adoptar medidas adicionales para protegerte a ti misma y a tu familia). El libro de Valerie Rind, *Gold Diggers and Deadbeat Dads* [Papás cazadores de oro y vagos], es un buen comienzo).

◆ Crea un archivo para los recibos fiscales del año en curso o ten un método para almacenarlos digitalmente (aplicaciones como Shoeboxed pueden ayudarte a almacenar en la red).

◆ Utiliza un sistema de almacenamiento digital que haga una copia de respaldo de los documentos, fotos y videos familiares. Es recomendable tener un disco duro externo o un servicio en la nube para poder recuperar esos artículos incluso si tu computadora se avería.

◆ Asegúrate de que tu cónyuge o persona de confianza tenga al menos conocimientos generales sobre dónde encontrar esos archivos, en caso de que no estés presente cuando se necesiten. Incluso las mamás se refrían, se rompen piernas o tienen que lidiar con situaciones de la vida que les mantienen fuera de juego durante suficiente tiempo como para dejar que otra persona se encargue.

Incluso los sistemas más organizados necesitan revisiones habituales, al menos una vez al año, para reducir el volumen de papeles y triturar aquellos que contengan información personal pero que ya no se necesitan. Usar un espacio relativamente pequeño, como una caja de archivos, para almacenar todo tu papeleo te obliga a filtrar y a deshacerte de los documentos más antiguos con regularidad. Cuando no puedo meter más papeles en mi propia caja de archivos, sé que es el momento de dedicar una hora a organizarlo todo. También puedes almacenar tanto como sea posible de manera digital para minimizar aún más el papeleo; simplemente asegúrate de que es almacenado en un servidor seguro con un cortafuegos y protegido con una contraseña.

Aunque la mayoría de nosotras puede salir adelante usando un sistema descabellado de cajas de zapatos y pilas de papel, un sistema que no tiene sentido para nadie más aparte de ti misma podría dificultar mucho el que otra persona, incluso un marido, se encargue en tu ausencia, ya sea porque estás en un viaje de trabajo o en el hospital. Y tener un sistema casi digno de una sesión fotográfica para Container Store hace que gestionar el hogar sea más fácil y disfrutable para nosotras. También puede ahorrarte dinero: es mucho más fácil negociar con tu compañía de cable o pedir un reembolso de una solicitud del seguro de salud mal procesada si tienes la documentación que te ayude a crear tu caso.

PROTÉGETE A TI MISMA Y A TU FAMILIA

Hablar sobre ciertos asuntos, como contratar un seguro de vida, señalar a los guardianes de tu hijo en caso de tu fallecimiento y otros tipos de planificación patrimonial son prácticamente tan inspiradores y entretenidos como tu visita anual al ginecólogo, aunque menos tenso. Esas discusiones te obligan a pensar acerca de tus mayores miedos: la muerte y dejar a tus hijos sin progenitores.

Sin embargo, tenemos que hacerlo porque, bueno, es nuestro trabajo. Nadie más va a asegurarse de que nuestros hijos estén protegidos en caso de nuestra (improbable) ausencia. Las necesidades absolutas de nuestra caja de herramientas sobre paternidad responsable incluyen tener un seguro de vida y un testamento (incluido señalar a los guardianes de los niños). También son valiosas las instrucciones sanitarias que especifiquen preferencias a la hora de tomar decisiones médicas y un poder legal para designar quién quieres que te ayude a gestionar tus finanzas en caso de que no puedas. Aunque muchos de esos formularios están a tu disposición digitalmente e incluso hay algunas páginas que ofrecen personalización del patrimonio elemento por elemento, la mejor opción es trabajar con un profesional que te pueda asegurar que estás siguiendo todas las leyes aplicables de manera que tú y tu familia estén protegidos y que tus documentos se consideren válidos y definitivos. Trabajar con un abogado puede costar de 1.000 a 3.000 dólares, o incluso más para situaciones familiares complicadas, pero generalmente es un gasto único que puede ahorrarle dinero a la familia y, a largo plazo, problemas.

Primero, el seguro de vida: ¿cuánto deberías recibir y cómo? Si tú o tu pareja tienen trabajos a tiempo completo, entonces lo más probable es que tengan algún tipo de seguro de vida a través de su empleador, pero es muy posible que no se acerque lo más mínimo a la cantidad que necesitarían para reemplazar sus ingresos si tú (o tu pareja) desaparecen de repente. Si no sabes cuánto seguro tienes actualmente como parte de tu paquete de prestaciones, pregunta en tu departamento de recursos humanos. De ese modo, puedes estimar cuánto más retirar.

Una regla general es sacar como mínimo el equivalente a diez veces tus ingresos, aunque también puedes hacer un cálculo más preciso añadiendo todos los gastos que quieras cubrir en caso de fallecimiento de tu pareja y la consecuente pérdida de ingresos familiares. Algunos de los gastos a incluir en esa lista son la matrícula de la universidad, la hipoteca y los gastos diarios durante un par de décadas. Si una persona gana menos, pero administra una parte importante de las tareas hogareñas y parentales, entonces considera los gastos que serían necesarios si esa persona ya no estuviera. El superviviente de la pareja podría necesitar contratar ayuda adicional y reducir las horas de trabajo para pasar más tiempo en casa, lo que también podría reducir los ingresos familiares.

Puedes contratar seguros adicionales en el sector de las aseguradoras privadas; la buena noticia es que no es tan caro, especialmente si adquieres un seguro de vida cuando eres joven y saludable. Por ejemplo, si eres una persona sana de treinta y cinco años, probablemente puedas comprar una póliza de 250.000 dólares a veinte años por menos de 250 dólares al año. (Las páginas LifeHappens.org, SmartAsset.com y Bankrate.com también son otros calculadores útiles del seguro de vida).

Para conseguir el mejor precio, puedes usar una herramienta de comparación digital o llamar a varias compañías para pedir estimaciones, de la misma manera que pedirías una hipoteca. Te harán unas pocas preguntas acerca de tu salud, estilo de vida e historial familiar. Si te decides a proceder, un profesional de la salud irá a tu casa y te sacará un poco de sangre y poco después te comunicarán que has sido aprobada. (La industria de los seguros de vida está intentando agilizar este proceso, ya que es pesado para la gente ocupada, especialmente los padres. Es posible que pronto puedas contratar pólizas por un valor menor al medio millón de dólares sin realizar un análisis de sangre).

El seguro de vida no es el único tipo a considerar; existe toda una serie de políticas que ofrecen protección para varias calamidades que puedan suceder, desde algo tan significativo y transformador como una discapacidad hasta algo de importancia (relativamente) menor como el robo de un anillo de diamantes. Contratar un seguro para inquilinos, un seguro para propietarios (junto con cualquier gestión relevante para artículos valiosos como obras de arte o joyería), un seguro de responsabilidad a terceros si gestionas un negocio pequeño y una póliza de cobertura integral para protegerte por encima y más allá de tu auto y la póliza de propietarios; todo eso puede ayudarles a ti y a tu familia ante situaciones adversas.

En concreto, el seguro por discapacidad suele pasar inadvertido. El Hartford Financial Services Group informa que menos de la mitad de los trabajadores en su veintena y principios de la treintena que acaban de empezar una familia tienen un seguro por discapacidad a corto plazo y que solo el 39% tienen un seguro por discapacidad a largo plazo. Y esto es a pesar del hecho de que el trabajador promedio que acaba de comenzar una familia tiene una posibilidad de tres a diez de tener una discapacidad que le impida trabajar antes de llegar a la edad de jubilación. Al igual que con el seguro de vida, puedes complementar cualquier seguro de discapacidad que tengas con el trabajo en un seguro privado. Incluso podrías calificar para llevarlo a cabo a través de tu empleador para un mejor acuerdo.

En muchas maneras, proteger tu poder adquisitivo al continuar trabajando y generando tu propio dinero ofrece su forma de seguro contra el fallecimiento o discapacidad de tu pareja. Si puedes mantener a tu familia por ti misma en caso de necesidad, estarás en mejor situación para ponerla en una posición financiera segura. Debra Muth, una profesional de la salud integral que vive a las afueras de Milwaukee con su marido y tres niños, se encontró a sí misma lidiando con ese desafío cuando su marido, Dennis, mecánico de mantenimiento, se dañó seriamente su espalda en el trabajo un día en 2006. Diez años después, el dolor continúa y sigue siendo incapaz de volver a trabajar. Aunque la familia recibía algún dinero como compensación por la lesión, no era suficiente ni de cerca para reemplazar el antiguo salario de Dennis, de casi 52.000 dólares al año.

Si Debra no hubiera establecido su propia consulta de salud integral, la familia, incluidos sus hijos pequeños, habría enfrentado unas dificultades financieras mayores que las que tuvieron. Ella documentó los problemas de su familia en su libro, *The Dark Side of Injury* [El lado oscuro de la lesión], en el que recomienda a otras familias que se preparen para una posible discapacidad como esa adquiriendo un seguro de vida y defendiendo a sus seres queridos si tienen que navegar por los sistemas médicos y de seguros. «Mi salario ha aumentado con el tiempo, pero es un gran desafío tratándose de la principal fuente de ingresos [el que se lesiona]», dice.

No es que prepararte para tales circunstancias sea algo fácil de hacer. Cuando mi marido y yo trabajábamos en nuestros testamentos con un abogado y contratábamos un seguro de vida adicional, sentí un malestar general. No quería intercambiar correos electrónicos acerca de dónde iría a parar mi collar favorito, cuánto queríamos poder pagar por los procedimientos de un seguro de vida o, incluso peor, cuáles serían los preparativos de nuestro funeral. Era verdaderamente deprimente. Pero después que lo solucionáramos todo, lo que tomó varias semanas, ya no teníamos que pensar más en ello. No hemos tenido que volver a hablar de ese tema desde entonces, con la excepción de la actualización de los documentos después de que naciera nuestro hijo. Es un proceso doloroso pero relativamente rápido, y da paz saber que tu familia estará protegida, al menos financiera y legalmente, que es lo que está bajo tu control.

Sin embargo, independientemente de lo sombrío que resulte lidiar con esos temas por adelantado, es mucho peor ignorarlos. De acuerdo con una encuesta elaborada por New York Life en 2014 a 897 viudos y viudas, los viudos dicen que desearían tener seguro de vida o uno mayor (47%), más ahorros (42%), discusiones financieras más detalladas por adelantado (30%), un plan financiero mejor (28%) y más organización del papeleo importante (18%). Las mujeres que perdieron a un esposo tenían muchas más probabilidades que los hombres de decir que tuvieron que ajustarse a unos ingresos menores y reducir los gastos. También era más probable que dijeran que ya no podían permitirse unas vacaciones y que no habían ahorrado lo suficiente para la jubilación. En promedio, los ingresos derivados del seguro de vida duraron casi dos años y medio, pero habrían deseado que el dinero durara catorce años. Palabras sabias de mujeres que se han visto en esa situación.

ACTIVOS DIGITALES

Los bienes digitales, incluyendo las cuentas en las redes sociales, también merecen atención. Si eres un usuario habitual de Facebook, tu cuenta está llena de años de fotos, comentarios y fragmentos de tu vida que probablemente serán de valor para tus hijos después de tu fallecimiento, sobre todo conforme crecen. ¿Querrías que se conmemorase tu cuenta? ¿Que se eliminara? ¿O prefieres señalar a un «contacto para asuntos patrimoniales», como permite Facebook, para que gestione tu cuenta por ti?

Cualquier sitio web, blog, cuenta de redes sociales (por ejemplo: Pinterest, Twitter) que hayas administrado a lo largo de tu vida también contiene información y detalles acerca del tipo de persona que eres, tus valores y tus intereses. Gracias a la naturaleza sofisticada de las herramientas de búsqueda digitales, mucha de esa información e incluso las fotos estarán disponibles durante muchos años, probablemente incluso cuando tus hijos y futuros nietos naveguen por la web. Incluso podrían aprender más sobre quién fuiste por lo que compartiste en Internet. Tu presencia en línea es parte de tu legado y de lo que otros aprenderán sobre ti en el futuro, quizás en generaciones venideras, así que querrás pensar acerca de la historia que estás contando en Internet sobre ti y tu familia.

Si te incomoda la idea de que gente que no conozcas sepa quién eres debido a tu presencia en la red, también puedes registrarte para que tu cuenta de Facebook se elimine de manera automática si falleces, y puedes intensificar tus opciones de privacidad en vida de modo que el público general no tenga acceso a tus *posts* ni a tus fotos.

También puedes asegurarte de que tu privacidad y tu seguridad estén protegidas, ahora y en un futuro, incluso tras la muerte. Asegúrate de que la fecha de tu nacimiento y el nombre de soltera de tu madre (puede ser fácil de suponer si eres amiga de tu mamá en Facebook) están protegidos por tus controles de privacidad, ya que son preguntas de verificación de identidad utilizadas habitualmente en cuentas financieras. De la misma manera en que mantienes una revisión actualizada de tus cuentas financieras y de las contraseñas relevantes que compartes con tu persona de confianza, también deberías adoptar un enfoque similar cuando se trata de tus cuentas en la red, incluidas las redes sociales. De ese modo, la persona a la que elijas puede gestionar o cerrar las cuentas tal y como lo desees. (Asegúrate de no incluir contraseñas y otra información importante en tu testamento, ya que es un documento público). También hay una cantidad de herramientas nuevas que pueden ayudarte a pensar en estas cosas como Everplans.com, EstateMap.com y RedFolder.com.

Toda esta planificación no solo te ayuda en caso de tragedia, sino también en situaciones inesperadas: si estás viajando y hackean tu cuenta de Twitter, será más fácil que tu pareja te ayude si sabe cómo acceder en tu nombre.

CULTIVA LA CAPACIDAD DE RECUPERACIÓN FINANCIERA

Durante mi trabajo como columnista de finanzas personales, a menudo recibo cartas desoladoras de lectores que quieren mi ayuda para solucionar las dificultades de sus vidas financieras. Muchas de esas cartas son de mamás, cuyo estrés se incrementa con el miedo a fallar a sus hijos.

«En verdad, no sé qué hacer con mi deuda», comenzaba una en una carta, quien explicaba que aunque tenía una licenciatura en educación sanitaria, no había sido capaz de encontrar trabajo en su sector. «Soy una desamparada y quiero ir a la escuela de enfermería. Tengo deudas estudiantiles qué pagar, necesito un lugar dónde vivir y tengo que mantener a mis hijos. ¿Qué puedo hacer para organizar mi vida financiera?».

Otra escribió:

Soy una madre de treinta años con dos hijos. Tengo unos ingresos limitados y solo genero 15.000 dólares al año. Mi hija mayor tiene nueve años y tiene necesidades especiales, y el pequeño tiene cinco. Me gustaría empezar a ahorrar para su futuro aunque se trate de diez a veinte dólares por periodo de pago. Mi mayor problema es que no puedo mantener una cuenta de ahorros abierta durante un tiempo suficiente sin retirar fondos.

Todas esas mujeres saben que no hay una solución mágica para sus problemas. Solo pueden hacer progresos lentos y estables para salir de los problemas en los que se encuentran. En ambos casos, aumentar sus ingresos familiares es una prioridad, lo que significa encontrar trabajos mejor pagados en los que puedan utilizar su formación académica. Abrir cuentas 529 e incluso hacer contribuciones modestas (después de que se hayan financiado las cuentas de ahorros de emergencia) puede reducir la tentación de usar dinero para gastos actuales en lugar de ahorrarlo para destinarlo a propósitos educativos futuros. La lectora con la hija con necesidades especiales también puede abrir la cuenta 529A, recién creada, para pagar gastos futuros como salud y transporte.

Ambas mujeres también podrían beneficiarse confirmando que tienen sus cuentas bancarias a su nombre, al igual que las tarjetas de débito y crédito, independientemente de su situación sentimental, de manera que están construyendo crédito y tienen acceso a efectivo. Encontrar formas de retirar cantidades pequeñas, como sugiere una de las mujeres, es clave para construir una sensación de seguridad. Guardar dinero restante, incluso cortar los gastos nominales y retirar dinero de cada sueldo son maneras de reconstruir lentamente las cuentas de ahorros mermadas.

Saber cómo salir de agujeros financieros es una de las muchas habilidades cruciales de la maternidad. Tenemos que recuperarnos por nuestros hijos. La *coach* Christine Hassler, experta en recuperarse de decepciones, dice que este tipo de experiencias angustiosas pueden, en última instancia, fortalecer a las familias. Recomienda a las mamás que cuiden de sí mismas primero, lo que podría significar invertir en un nuevo programa de entrenamiento para reforzar sus habilidades de búsqueda de empleo. «La mejor inversión que puedes hacer es en ti misma», dice. Hassler lidió con sus propias dificultades cuando se divorció justo en el momento en el que su negocio de asesorías y conferencias se vio afectado por la recesión. «Mi marido era mi seguridad financiera», dice. Continuó construyendo su negocio y finalmente logró incluso mayor éxito, a pesar de la economía.

Rebecca Dallek, mentora especializada en asesoría laboral establecida en Washington D.C. y especializada en ayudar a las mujeres a guiar sus carreras, sugiere que des pequeños pasos en dirección a la nueva vida que quieres crear. Si quieres cambiar de sector o conseguir un trabajo nuevo, habla con alguien que haya logrado una transición similar o asiste a una reunión para establecer contactos. Si incluso eso te resulta abrumador, Dallek sugiere que realices un ejercicio «fingido» que cualquier persona que haya pasado algún tiempo con preescolares entenderá rápidamente: si estás considerando una gran decisión, como un cambio o movimiento laboral, dedica un tiempo a fingir que ya has tomado esa decisión y actúa en consecuencia. Solicita trabajos, haz voluntariado, busca nuevas conexiones «como si» ya estuvieras llevando a cabo esa vida, sugiere Dallek. Cuando se acabe el periodo de prueba, puedes ver cómo te sientes y decidir si quieres comprometerte con esa elección. Es una forma segura de explorar una gran decisión, dice Dallek.

También es grato saber que los tiempos difíciles no suelen durar para siempre. Si estás saliendo de una bancarrota o tienes un mal historial de crédito, puede tomarte hasta siete años reconstruir y limpiar tu nombre a ojos de los prestamistas, pero puede tomar considerablemente menos tiempo limpiar tu propia cabeza y desarrollar un plan de reconstrucción.

Alexandra Fuller, la autora que contó la historia de su divorcio en *Leaving Before the Rains Come*, comenzó a asistir a clases de educación financiera con un grupo de mujeres que, al igual que ella, tuvieron que empezar a gestionar su propio dinero. «Juntas aprendimos a leer números que nos habían asustado y confundido por mucho tiempo», escribe. Abrió una cuenta bancaria y una tarjeta de crédito a su nombre. Y reconstruyó su vida, al mismo tiempo que criaba a sus tres hijos.

Elaine Williams, una viuda y madre de tres chicos a quien entrevisté por primera vez en 2008 para un artículo, aceptó un trabajo extra para introducir información en computadora a fin de compensar la pérdida de los ingresos de su marido cuando este murió de cáncer. Pronto estableció una carrera como escritora al mismo tiempo que gestionaba una empresa de paisajismo cuando criaba a su hija adolescente y a sus hijos de veintitantos años. «De repente, todo depende de ti», me dijo.

Lo que las mamás listas saben es que, en realidad, eso siempre cayó sobre sus espaldas, aun cuando no se dieron cuenta hasta que una circunstancia inesperada lo dejara dolorosamente claro.

MAMÁ LISTA, MAMÁ RICA
PASOS A DAR

1. Organiza el papeleo existente relacionado con tus ingresos y tu hogar —cuentas financieras, documentos de planificación de patrimonio como testamentos, facturas relacionadas con impuestos, documentos del seguro de salud e información de la hipoteca— en una carpeta claramente etiquetada que contenga solo información actualizada. Incluye información de contacto relevante de manera que, si alguien más tuviera que gestionar las cuentas de repente, podría hacerlo. Tritura el papeleo más antiguo que ya no sea necesario. Al almacenar información de manera digital, asegúrate de que una persona de confianza, como tu esposo u otro miembro de la familia, tengan también una copia de la información almacenada en un lugar seguro.

2. Pon tus documentos esenciales —incluidos los certificados de nacimientos y tarjetas de seguro social de cada miembro de la familia, certificado de matrimonio, documentación de bienes como tu casa y tu coche, y copias de los pasaportes y la licencia de conducir— en un archivador seguro o caja de almacenaje que se encuentre en una ubicación segura y privada que puedas encontrar fácilmente cuando sea necesario.

3. Revisa tus pólizas de seguros actuales, incluyendo el seguro de salud, el seguro de vida, el seguro dental, seguro de propietarios o inquilinos, seguro del automóvil y seguro de responsabilidad con terceros o la cobertura integral. ¿Necesitas incrementar la cobertura de alguna de esas áreas? Los calculadores de seguros como LifeHappens. org, SmartAsset.com y Bankrate.com pueden ayudarte si es hora de considerar actualizar tus pólizas para obtener más cobertura.

4. Adopta medidas para proteger tu información digital después de que mueras. ¿Reflejan tus cuentas actuales el legado que quieres dejar en las redes sociales, incluido Twitter, Facebook y cualquier blog o sitio web que controles? ¿Revelan alguna información personal, como tu fecha de nacimiento, que pudiera facilitar el que los estafadores irrumpan en tus cuentas financieras? Asegúrate de que tu identidad en la red esté protegida en vida y en muerte. También puedes remitirte a «Aspectos a comprobar acerca tu patrimonio», en el manual de la parte final de este libro, para que revises la preparación de la planificación patrimonial.

5. Si quieres, siéntate y habla con una señora mayor de tu familia o un amigo que haya experimentado una pérdida en forma de divorcio, muerte o una pareja incapacitada para trabajar por una discapacidad o enfermedad. Pregúntales tanto como puedas acerca de su experiencia y cómo lo gestionaron y aprendieron. Pregúntate si podrías administrar tus finanzas por ti misma si tuvieras que hacerlo. Si no estás preparada, adopta medidas para prepararte más. Revisa tus finanzas con tu pareja, trabaja con un profesional de las finanzas o asiste a una clase o seminario sobre gestión monetaria. También puedes leer las memorias de mujeres que hayan superado esas experiencias para que eso te ayude a ejercitarte reflexionando. *Leaving Before the Rains Come* de Alexandra Fuller, *Sacred Success* [Éxito

sagrado] de Barbara Stanny y *Money, a Memoir* de Liz Perle son solo algunas de mis recomendaciones. *In Spite of Everything* [A pesar de todo], de Susan Gregory Tomas y *Falling Apart in One Piece* [Derrumbarse en un solo pedazo], de Stacy Morrison, son poderosos y estimulantes. Aunque lidia con problemas financieros como el resto de las mamás, las entradas conmovedoras en Facebook de Sheryl Sandberg tras la inesperada muerte de su marido traen a casa la realidad del luto y de seguir adelante.

Si ya estás lidiando con el desafío de perder a tu pareja, *On Your Own: A Widow's Passage to Emotional and Financial Well-Being* [Por tu cuenta: la transición de una viuda hacia el bienestar emocional y financiero], de Mary Dona, es un gran recurso, así como también lo es *The Single Woman's Guide to Retirement* [La guía sobre jubilación de la mujer soltera], de Jan Cullinane.

6. Cultiva tu propia fortaleza financiera asegurándote de que puedes proteger tu historial de crédito, de que siempre tienes acceso y conocimientos acerca del lugar en el que se encuentran tus ahorros e inversiones, y de que mantienes el control sobre tus inversiones y estrategias de ahorro.

7

ATRAPADA EN EL MEDIO

Cuando Karen Cordaway tenía veintinueve años y estaba embarazada de su segunda hija, su mamá se enfermó, estaba verdaderamente mal. Tenía un carcinoma meningitis terminal. Karen, que en ese momento trabajaba a tiempo parcial como profesora sustituta y tutora, redujo sus horas de trabajo drásticamente y pidió ayuda a sus amigos para que cuidaran a su hijo de dos años, de manera que ella pudiera dedicar tiempo a su mamá. Se encargó de toda la logística relacionada con el cuidado de su madre, incluidas las decisiones sobre tratamientos. «Era una cuestión de tiempo», recuerda.

Su mamá murió y entonces, cuatro meses después, nació la segunda hija de Karen. Optó por continuar reduciendo sus horas de trabajo para estar en casa con sus dos hijas pequeñas, sacrificando los ingresos para ser la jefa que cuidaba de la familia. «Mis ingresos desaparecieron, pero como siempre fui muy austera, pudimos salir adelante», dice Karen, que vive en Connecticut. Ahorró limitando los cortes de pelo, la ropa nueva y los alimentos. Su marido, también profesor, aceptó trabajo extra trabajando por la noche.

A pesar de que Karen siempre había planeado volver a trabajar a tiempo completo, todavía no lo ha hecho después de diez años, optando por trabajo a tiempo parcial en su lugar. Sencillamente, nunca volvió a sentirse preparada después de que naciera su segunda hija. «Era una combinación entre el dolor y cuidar del bebé», explica. Sí que intentó varios trabajos distintos a tiempo parcial incluyendo trabajar como representante de ventas, niñera y profesora sustituta, pero se resistió a hacer nada que requiriese establecer un horario porque siempre quiso asegurarse de poder estar en casa con sus hijas.

Ahora que está a principio de sus cuarentas, Karen continúa enseñando a tiempo parcial al mismo tiempo que escribe y bloguea sobre ahorrar dinero, un tema inspirado en sus experiencias. (La conocí cuando se convirtió en bloguera sobre compras austeras invitada en *U.S. News & World Report*). Puede que sus ingresos no fueran tan elevados como cuando trabajaba a tiempo completo como profesora pero, para ella, la flexibilidad que le permitía ese horario a tiempo parcial merecía el sacrificio financiero.

La historia de Karen es común entre muchas mamás. A menudo las mamás se convierten en las cuidadoras automáticas de las familias, para niños, papás mayores y cualquier otro familiar en necesidad. Muchas veces, aceptamos felizmente el papel de cuidadoras; es una parte importante de nuestra identidad y fuente de algunos de nuestros sentimientos más profundos de plenitud.

Sin embargo, independientemente de lo mucho que nos satisfaga el papel, a menudo pagamos un precio financiero por ello, como Karen. El Family Wealth Advisors Council [Consejo de asesores para el patrimonio familiar], una red de firmas de gestión patrimonial por honorarios, constató que las mujeres en sus cuarentas y cincuentas dedican un promedio de veinte horas a la semana como poco al cuidado, ya sea asistiendo a niños o a miembros mayores de la familia, al mismo tiempo que tienen sus trabajos pagados. El MetLife Study of Caregiving Costs to Working Caregivers [Estudio de Metlife sobre el costo de las atenciones para cuidadores empleados] puso precio a todo ese amor: en promedio, las mujeres renuncian a 324.044 dólares en ganancias perdidas y en ingresos para la jubilación, incluyendo prestaciones de la seguridad social.

A fin de reducir ese peaje financiero, podemos aceptar nuestro papel de cuidadoras al mismo tiempo que planificamos para ello. Podemos ahorrar anticipadamente dinero que nos ayude a salir adelante durante tiempos difíciles en caso de que tengamos que reducir el trabajo pagado. La estrategia facilita que evitemos endeudarnos. Podemos tener conversaciones francas con los miembros de la familia, incluidos los padres, los hermanos y los esposos acerca de quién asumirá qué responsabilidades si y cuando un padre mayor lo necesite. Cuando no sea posible trabajar a tiempo completo, podemos buscar formas de aceptar oportunidades de ingresos flexibles y a tiempo parcial, de manera que podamos continuar trayendo ingresos al mismo tiempo que cuidamos de nuestros seres queridos.

Tras cuidar de nuestros hijos, asistir a nuestros padres envejecientes es uno de nuestros mayores desafíos como mamás, desde un punto de vista financiero, emocional y de otro tipo. A menudo los padres necesitan ayuda cuando nuestros niños todavía nos necesitan y, como resultado, a veces puede parecer que estamos intentando estar con todos al mismo tiempo. Es fácil olvidarse de cuidar de nosotras mismas. Pero cuidarnos, protegiendo nuestros ahorros y poder adquisitivo, así como nuestra salud y nuestra mente es el único modo de seguir estando con cualquier otra persona. Si nos quedamos sin dinero, o energía, entonces nuestras familias también sufren.

CÓMO ATENDER AL CUIDADOR (TÚ)

Estamos envejeciendo como país y llegará un momento en el que todos vamos a necesitar un poco de ayuda extra. Un número creciente de adultos mayores no pueden cuidar de sí mismos y están recurriendo a las familias por ayuda. De acuerdo a información de la Oficina del Censo analizada por el Center for Health Policy Research [Centro de Investigación de Política Sanitaria] de UCLA [siglas de la Universidad de California], el número de personas mayores de sesenta y cinco años en el país se duplicará en las próximas tres décadas. Para el año 2030, el primero de la generación de la postguerra cumplirá ochenta y cinco años y necesitará incluso más cuidados. De hecho, basándonos en esos cambios demográficos, el Instituto de Política Pública de la AARP estima que aunque actualmente hay siete miembros de la familia cuidadores por cada «persona vulnerable», pronto serán solo tres. Eso significa una mayor presión sobre los cuidadores y más estrés para las mamás.

Kenneth Matos, director principal de investigación en el Families and Work Institute [Instituto de familias y trabajo], señala que en cierto modo, cuidar de los padres es incluso más duro que cuidar niños. Tiende a ser menos predictivo y puede requerir ausencias más largas. Si un padre en otra ciudad tiene de repente un derrame cerebral, puede que un hijo o hija tuviera que dejarlo todo para estar al lado del padre durante días o incluso semanas. Por su parte, cuando un niño sano se enferma, puede que el padre tenga que perder unos días de trabajo, pero habitualmente no muchos (al menos hasta el próximo ciclo de conjuntivitis).

En definitiva, cuidar padres mayores puede resultar pesado y triste, mientras que criar niños es agradable y feliz. Los padres mayores se están muriendo; los niños, creciendo. Los expertos en cuidado de personas mayores a los que entrevisté enfatizaron esta diferencia una y otra vez. Nuestro debate público acerca del equilibrio entre vida y trabajo gira prácticamente en su totalidad en torno a la paternidad, pero un número cada vez más significativo de nosotros también lidia, o lo hará pronto, con el cuidado de nuestros padres mayores. (Además, una parte de nosotros tendrá que gestionar el cuidado de los niños y los padres al mismo tiempo: una encuesta realizada a trabajadores de la Universidad Rhode Island halló que el 12% saca adelante un trabajo doble en casa). Esas responsabilidades podrían poner nuestras vidas, al igual que nuestras finanzas, fuera de control.

Prepararse para el papel de cuidador puede ayudar a reducir el estrés. Además de reducciones en los ingresos por una disminución de las horas de trabajo, el cuidado también puede ser caro, otro motivo para tener ahorros extra. Una encuesta de 2014 realizada por Caring.com a 1.345 cuidadores constató que casi la mitad afirmaba gastar más de 5.000 dólares al año en gastos relacionados con el cuidado, incluidos costos sanitarios. La mitad de los encuestados también dijo que había tenido que cambiar sus propios horarios de trabajo para poder incluir los deberes de asistencia.

A veces, los ambientes laborales que consideran el futuro ofrecen facilidades a los cuidadores que facilitan compaginar esa dualidad de funciones como trabajador y cuidador. Como aprendimos en el capítulo 4, cuando la firma de contabilidad PricewaterhouseCoopers cambió sus políticas oficiales generales para que los cuidadores pudieran pedir días ilimitados por enfermedad si sus hijos o familiares mayores los necesitaban, descubrieron que en realidad los trabajadores eran más productivos. Otras políticas comunes en el lugar de trabajo incluyen planes de baja flexibles, información sobre personas mayores, programas de ayuda a la dependencia y más control de los horarios para que los trabajadores puedan salir antes del trabajo o llegar tarde.

A menudo, los cuidadores de la familia terminan gastando más dinero de sus propias cuentas bancarias que el que tienen porque malinterpretan las leyes y las prestaciones disponibles para sus seres queridos. Algunos de los errores clásicos incluyen no tener a mano documentos financieros clave, como un poder notarial; pagar tú mismo por los gastos sanitarios en lugar de utilizar antes el dinero de las cuentas de los seres queridos, lo que puede tener un impacto negativo sobre la calificación para Medicaid y la planificación patrimonial y fiscal; y seleccionar cuidadores pagados que no estén cubiertos por pólizas de seguros. Los veteranos (y sus parejas) y aquellos bajo el límite de pobreza federal también califican para ciertos beneficios; la página web BenefitsCheckUp.org puede ayudarte a estimar si hay algunas prestaciones que podrían ser calificables. (Puede que las familias con situaciones complicadas o activos significativos también quieran pedir ayuda a un abogado especializado en tercera edad que pueda asistir con la gestión de las planificaciones y gastos a largo plazo).

En efecto, administrar el dinero de tus padres conduce a toda una serie de complicaciones y escollos. Si pones tu propio nombre en la cuenta bancaria de ellos, puede tener la consecuencia no intencionada de disparar el impuesto de sucesiones y darte a ti todos los activos cuando fallezcan incluso si ese no era el plan. (Tus hermanos también podrían objetar). Eso también puede responsabilizarte de sus deudas y responsabilizarlos a ellos por las tuyas. Las guías útiles (y gratuitas) de «Managing Someone Else's Money» [Administrar el dinero de otro], disponibles a través de la página web de la Oficina para la Protección Financiera del Consumidor (cfpb.gov), pueden ayudarte a evitar errores comunes. Si eres la persona a cargo del dinero de tus padres, tendrás que asegurarte de tomar decisiones en su mejor interés y mantener el dinero completamente separado de tus propias responsabilidades, sobre todo si también estás preparándoles sus comidas y bañándolos cada día.

En medio de sus otras obligaciones, los cuidadores también cuidan de sí mismos. Sacar partido de otras comunidades de cuidadores adultos (por ejemplo Caring.com) puede aportar una sensación de apoyo. Los cuidadores también externalizan algunas tareas como cocinar o hacer recados, para facilitarse la vida. Si eres el miembro de la familia responsable de las labores diarias de cuidado, quizás los hermanos y otros familiares puedan ayudarte a cubrir los gastos de alguna de esta ayuda externa, especialmente si no están pagando por tu trabajo de cuidadora.

Quizás la elección más importante de cuidarse a una misma es continuar trabajando, incluso si es de una manera reducida. Nell Lake, autora de *The Caregivers: A Support Group's Stories of Slow Loss, Courage, and Love* [Los cuidadores: historias de un grupo de apoyo sobre pérdidas lentas, coraje y amor], dice que uno de cada diez cuidadores abandona sus trabajos para poder ayudar a un miembro mayor de la familia. Eso termina por tener un permanente impacto negativo en sus finanzas, no solo por la pérdida del sueldo, sino también por la falta de ingresos de la seguridad social, tal y como muestran las cifras de MetLife.

Desde una perspectiva financiera, prepararte para cuidar de unos padres mayores tiene algunas semejanzas con la preparación para tener un bebé, aunque quizás sea más fácil olvidarse de prepararse para la circunstancia inevitable de que nuestros padres necesiten ayuda. Al fin y al cabo, no hay un periodo de tiempo concreto de nueve meses, una barriguita floreciente ni unas pataditas para recordarte que ahorres dinero para cubrir interrupciones en los ingresos o compruebes las políticas de baja y las opciones de teletrabajo. Aun así, el papel de cuidador es potencialmente tan transformador como la paternidad. Hablar acerca de tus planes familiares es, independientemente de lo incómodo que resulte, una de las maneras más poderosas de prepararse.

CONVERSACIONES INCÓMODAS

Cuando la mamá de Karen Cordaway enfermó por primera vez, ella y Karen comenzaron a hablar más francamente de cómo quería que se gestionaran sus asuntos. Al principio, Karen no quería hablar con ella sobre su muerte, pero se acostumbró. «Mi mamá y yo teníamos una relación muy cercana. Ella era muy franca al respecto y dijo: "Si algo me sucediera quisiera ser incinerada". Era raro que surgieran esos temas, pero cuando la situación se hace más seria, las personas revelamos ciertas cosas», dice.

Aquellas conversaciones ayudaron a Karen cuando comenzaba a tomar decisiones difíciles acerca de los tratamientos de radiación, los analgésicos y otros procedimientos terminales. Sin embargo, muchas familias no tienen nunca esas conversaciones difíciles, principalmente porque pueden ser muy dolorosas. El estudio elaborado en 2014 por Fidelity sobre finanzas familiares generacionales entre 1.058 padres y sus hijos adultos halló que cuatro de cada diez padres no hablan de los detalles de sus planes de jubilación con sus hijos, incluido cómo pensaban cubrir los costos de vida. Casi el 15% no hablaron de ello en absoluto.

A menudo la falta de comunicación da lugar a malinterpretaciones serias. Los hijos adultos, de acuerdo con la encuesta de Fidelity, tienden a creer de modo erróneo que los padres les pedirán ayuda financiera; prácticamente todos los padres dicen que no necesitarán de esa ayuda. Los hijos adultos también tienden a subestimar el patrimonio de sus padres en 300.000 dólares.

Cuando se trata de hablar de dinero con tus padres, estas son algunas estrategias que pueden ayudarte a auxiliar a tus padres fácilmente. (Para más ideas puedes dirigirte a la lista «Qué preguntar a tus padres» en el manual al final del libro).

- Reconoce que son tus padres, no tú, los que tienen la última palabra acerca de su fututo. Puede ser fácil para un hijo adulto controlar o sobrepasar los límites; los padres mayores pueden ser extremadamente sensibles a ello. Resistir la tentación de empujar a tus padres a una decisión que crees correcta puede ayudar a preservar la relación de ustedes y su dignidad. A ese nivel, respeta su privacidad; no necesitan compartir todos los detalles de sus finanzas contigo si prefieren no hacerlo.

- Asegúrate de que tus padres tengan sus documentos en orden y que tú, u otra persona de confianza, sepan dónde encontrarlos. Esos documentos incluyen las instrucciones sobre los cuidados de salud, el poder notarial, el seguro de vida y los testamentos. Un miembro de la familia también debería saber dónde encontrar un repaso de las cuentas financieras y cómo y dónde acceder a ellas, así como a cualquier otra información de contacto y contraseñas relevantes.

- Continúen hablando. Las situaciones y los deseos fluyen constantemente, así que lo ideal sería tener esta conversación con regularidad.

- Invita también a los hermanos a esa conversación. ¿Sabes cómo compartirían las responsabilidades para cuidarlos si tus padres necesitan de repente que los atiendan a diario o semanalmente? Hablar sobre los escenarios anticipadamente reduce el estrés de las emergencias.

- Sé franco en cuanto a los distintos planes de vivienda. Si tus padres no son capaces de vivir solos, ¿sabes si prefieren vivir contigo o en un centro de cuidados para envejecientes? A menudo los hijos adultos se pasan de la raya a la hora de suponer las preferencias de sus padres. La encuesta de Fidelity descubrió que solo el 6% de los padres esperaban que sus hijos cuidaran directamente de ellos, comparado con el 43% de los hijos adultos que dijeron que esperaban hacerlo.

Un área particularmente difícil de abordar con los padres es la referente al dinero. Puede que a los adultos mayores les resulte difícil manejar sus finanzas. La investigación sugiere que los adultos en su sesenta y setenta empiezan a tener problemas con responsabilidades básicas, incluido pagar las facturas, calcular propinas o protegerse del fraude telefónico. Un hijo adulto podría notar que hay avisos de facturas o un pico en los cobros de las tarjetas de crédito. Las señales de alarma del National Endowment for Financial Education [Fundación nacional para la educación financiera] incluyen la ralentización a la hora de completar tareas financieras básicas como presentar los impuestos o pagar las facturas, dificultad para entender los extractos bancarios, para calcular sus deducibles médicos y entender el riesgo de la inversión.

Como a menudo los adultos mayores poseen cantidades significativas de patrimonio para administrar y proteger después de toda una vida recibiendo ingresos y ahorrando, muchas veces se podrían beneficiar de la ayuda de sus preocupados hijos. La AARP estima que los estadounidenses mayores de cincuenta años son propietarios de dos terceras partes de los depósitos bancarios del país. Sin añadir su nombre a las cuentas bancarias como copropietarios (por las razones comentadas previamente), se puede añadir a los hijos adultos como contactos a las cuentas bancarias, para que se les informe acerca de posibles fraudes o actividad inusual en la cuenta. Dar acceso al documento de poder notarial también puede facilitarte la administración del dinero de tus familiares si se encuentran inesperadamente en el hospital o son incapaces de gestionarlo por ellos mismos de otro modo.

El abuso financiero, un problema lamentablemente común entre los mayores, que afecta a uno de cada diez de ellos, también puede ser identificado y prevenido de este modo. Algunos bancos ofrecen tarjetas de débito, como la True Link de Visa, que solo funciona en ubicaciones previamente aprobadas o puede ser bloqueada en tiendas concretas u organizaciones benéficas que hayan ocasionado problemas en el pasado. Hacer preguntas e incluso ofrecerse a organizar el papeleo puede ayudar a proteger el dinero de tus padres. De acuerdo a una encuesta realizada a 1.000 adultos por Caring.com, solo pocos de nosotros adoptan las siguientes medidas: el 52% de los hijos adultos no saben dónde guardan los padres sus documentos relacionados con la planificación patrimonial y el 58% no saben qué hay en esos documentos.

Terrie y Jon Hull, una pareja a la que entrevisté, descubrieron cómo la edad puede hacer que los padres sean financieramente vulnerables. Tras un accidente automovilístico, la mamá de Terrie decidió casarse con su novio quien, junto con su madre, acusó a Terrie de robarle su dinero. Terrie tuvo que preocuparse no solo por defenderse a sí misma en el tribunal, sino también de asegurarse de que se protegiera el dinero de su mamá. Terrie y Jon escribieron el libro *A Legacy Undone* [Un legado deshecho], sobre su experiencia y lideraron seminarios para ayudar a que otras familias evitaran el mismo destino. Su primer mensaje es que las familias tienen que hablar acerca de cómo se administrará su dinero y su patrimonio antes de que alguien necesite ayuda, y tienen que dejar esos planes por escrito. Las conversaciones solo son raras cuando las familias esperan demasiado para tenerlas.

Mientras entrevistaba a Terrie y a Jon, me vino a la cabeza que no tenía ni idea de cómo organizaban mis padres sus finanzas. ¿Quién es su abogado? ¿Cuáles son sus preferencias con relación a los cuidados de salud? ¿Cómo empezar a gestionar sus cuentas financieras si hay necesidad? ¿Cómo acceder al diario de mi padre, que tiene desde que yo era una niña pequeña y que contiene memorias familiares inestimables? He escrito incontables artículos acerca de cómo son esas conversaciones, pero todavía no había tenido una con mis propios padres. Todavía fuertes en su sesentas, me parecen jóvenes, demasiado como para necesitar mi ayuda. Al fin y al cabo, ellos son los que me ayudan con los niños la mayor parte del tiempo. Pero, realmente, hay probabilidades de que en los próximos treinta años, la situación cambie en algún momento.

Tras terminar de hablar por teléfono con Terrie y Jon, envié un correo electrónico a mis padres. «¡La decadencia cognitiva está a la vuelta de la esquina!», escribí. «¡Necesitamos hablar mientras que estemos todos lúcidos!». Respondieron rápidamente con un par de detalles y planeamos tener una conversación más profunda pronto. También hice una nota mental para revisar mis propios planes patrimoniales en casa.

En efecto, a menudo ayudar a los padres mayores en sus vidas diarias tiene también como efecto colateral inspirar a las mamás a cambiar sus propios planes. Karen, que tiene dos hijas, optó por dejar un testamento más específico, especialmente a la hora de estipular quién recibe qué. «En definitiva, no quiero que se peleen por nada», dice. A veces, cuidar a los padres mayores te da una visión de tu propio futuro potencial; lo cual podría asustarnos como para cambiar algunas cosas hoy o tener una conversación postergada por mucho tiempo con tu ser querido.

MAMÁ LISTA, MAMÁ RICA
PASOS A DAR

1. Empieza a conversar con tus padres sobre sus planes, deseos y preparativos para cuando se hagan mayores. Habla

también con tu pareja acerca de los tipos de responsabilidades que podrías asumir y cómo pueden prepararse para ellas conjuntamente. Habla con otros miembros de la familia, incluidos hermanos, sobre cómo pueden compartir los deberes.

2. Considera cómo podrías adaptar un horario más flexible si tuvieras que hacerlo, incluyendo los tipos de sacrificios en cuanto a ingresos que tendrías que hacer y cómo puedes prepararte para ello. Comprueba si tu trabajo ofrece prestaciones, incluidos programas de ayuda para dependientes, políticas de baja por enfermedad y opciones laborales a distancia. Intenta seguir trabajando a algún nivel, incluso de manera reducida si es posible.

3. Además de ahorrar para la jubilación, matrícula universitaria y otros objetivos futuros, trata de incrementar tus ahorros a corto plazo de manera que puedas afrontar cualquier incremento en los costos o caída de ingresos anticipada que podría venir acompañada de responsabilidades de cuidado.

4. Haz lo que puedas para minimizar el impacto que tus responsabilidades de cuidadora tienen sobre tu propia seguridad financiera. Intenta evitar pagar por los gastos de las personas que cuides con tu cuenta bancaria antes de que tus fondos se agoten; hacerlo puede dificultar que califiquen para obtener el servicio de Medicaid y también complicar su planificación patrimonial. También asegúrate de que están aprovechando todos los programas gubernamentales disponibles para ellos, especialmente si son veteranos o viven por debajo del límite de pobreza federal.

5. Aun cuando estés comprometido con el cuidado de ellos, recuerda que también debes cuidar de ti misma. Eso

puede significar pedir ayuda a familiares o pagar por servicios. Aliviar tu propio estrés te permite que sigas cuidando de otros.

6. Cuando ayudes a otros familiares mayores a administrar su dinero, busca un banco que tenga experiencia con gente mayor. Los servicios disponibles pueden incluir permitir que añadas tu nombre para hacer un seguimiento al dinero retirado sin hacerte copropietario de la cuenta u ofrecer una tarjeta de débito para prevenir el fraude a personas mayores. También pueden ser de gran ayuda las acomodaciones sencillas, como ofrecer oficinas adaptadas sin mamparas de cristal para facilitar la comunicación, especialmente para aquellos con dificultades de escucha.

8

MAMÁS MODELO

Susan Beacham, ejecutiva de Money Savvy Generation, una compañía de educación económica y defensora apasionada de la enseñanza financiera, comenzó enseñando a sus hijas acerca de dinero tan pronto como empezaron a preguntar cosas. Como los padres saben, esto comienza al principio de la niñez y verdaderamente nunca termina. «Vas a Target, ves el pasillo de artículos de un dólar, ves cosas que no sabías que necesitabas, y el niño pierde el interés [por el nuevo juguete] cuando llegas a casa», dice.

Así que en vez de comprar esos juguetes baratos en la fila para pagar, Beacham dice que aprendió a decir «no». Así es como impartió las lecciones de finanzas a sus hijas, ahora en sus veintes, incluida aquella sobre retrasar la gratificación. (Como prestación extra, añade, decir que «no» de manera firme también enseñó a sus hijas cómo decir «no», una habilidad valiosa para todas las edades).

En vez de complacerle el capricho de tener la última Barbie o figurita de Mi pequeño Pony, enseñó a sus hijas a parar y reflexionar acerca de qué puede otorgarles de verdad un sentimiento duradero de gratificación y ahorrar para ello. Después de elegir la próxima compra, hacían un seguimiento al progreso de sus ahorros con unas pegatinas. Tan pronto como fueron lo suficientemente mayores (en torno a los ocho o nueve años), dejó que sus hijas tomaran sus propias decisiones sobre gastos. «En vez de simplemente decir que "no", puedes decir: "Tienes el dinero en tu cuenta de gastos. ¿Quieres llevarla a la tienda?". Es muy empoderador para los niños», explica Beacham. Si terminan fulminándose el efectivo que tanto les ha costado ganar en un juguete por el que pierden el interés pronto o que se rompe, aprenderán una lección útil, otro tema que surge en mis conversaciones con mamás. «Los errores en la administración del dinero son muy educativos», dice Beacham.

Sus hijas también observan a su mamá hacer lo mismo con su dinero. «Siempre que hago algo financiero», dice, «independientemente de que sea dar una tarjeta de regalo o abrir una cuenta bancaria, pienso: "¿Qué mensaje puedo mandar a mis hijas?"». Cuando eran jóvenes e iba con ellas al supermercado, Beacham señalaba cómo comparaba los precios. Cuando escribía los formularios en la oficina del pediatra, le mostraba a su hija que iba a dejar el cuadro del seguro social vacío porque la consulta no lo necesitaba y escribirlo podría ser una amenaza a la seguridad.

Como comenzaron todas esas conversaciones pronto, fue fácil hablar sobre reales problemas monetarios de adultos cuando sus hijas fueron a la universidad y comenzaron sus vidas adultas. «Si la primera vez que hablas sobre dinero es cuando consiguen su primer trabajo o abren su 401(k), la conversación será demasiado difícil si no la has comenzado cuando eran jóvenes», dice Beacham. Ahora que las niñas son adultos jóvenes, las conversaciones se han transformado en discusiones más detalladas acerca de incrementar el presupuesto y de programas de fidelización. Las mismas lecciones, detalles distintos.

Casi en el mismo momento en el que tuve la conversación con Susan, salió un estudio de T. Rowe Price que me dejó preocupada y preguntándome si estaba haciendo suficiente en casa para enseñar a mi hija de cinco años acerca del dinero. La encuesta de 2014, que incluía a 1.000 padres y a 924 niños de edades comprendidas entre ocho y catorce, halló que mientras el 58% de los niños dicen que sus padres hablaron con ellos sobre establecer objetivos financieros, solo el 50% de las niñas afirma lo mismo. Los niños también creen que son más listos en cuestiones de dinero que las niñas: el 45% de los niños se consideran a sí mismos «muy o extremadamente inteligentes acerca de cuestiones de dinero» frente al 38% de las niñas. Los padres dijeron que creen que sus hijos son más propensos a entender el valor del dólar que sus hijas (80% frente a 69%). Los niños son el doble de propensos a tener acceso a tarjetas de crédito y decir que sus padres están ahorrando para la matrícula de su universidad futura (53% de los niños frente a 42% de las niñas).

Otros estudios muestran resultados similares. Una encuesta de 2011 sobre adolescentes elaborada por Charles Schwab halló que los niños son más propensos que las niñas a decir que sus padres hablan con ellos de invertir (23% frente a un 13%). Los niños demuestran saber más acerca de una serie de temas financieros, desde proteger su información personal en la red a cómo funcionan el interés y las tasas de las tarjetas de crédito, pasando por lo que es un 401(k).

Judith Ward, una planificadora financiera experta en T. Rowe Price y madre de un niño y una niña, dejó claro que la responsabilidad de corregir esa diferencia de género descansa directamente sobre los hombros de los padres. Podría ser que sencillamente los niños, dijo, estén más inclinados a hacer preguntas sobre dinero y, como resultado, tengan más conversaciones con sus padres sobre finanzas. «Es responsabilidad de los padres ser más proactivos y asegurarse de que hablan con sus hijos e hijas sobre este tipo de cuestiones», dice. Aunque los padres no pretendan hablar más de dinero con sus hijos que con sus hijas, eso sucede; a no ser que hagan un esfuerzo consciente para contrarrestar la tendencia.

Como Beacham, Ward recomienda utilizar las experiencias diarias, como un viaje al supermercado o buscar opciones sobre indumentaria en Amazon, para hablar de dinero. A menudo les pide a sus hijos que calculen la propina en los restaurantes por ella o los descuentos en las tiendas de ropa.

Uno de los mensajes más claros del estudio de T. Rowe Price es la conexión entre hablar de dinero y sentirse inteligente al respecto. Cuando los padres hablan de ahorros para la universidad con sus hijos, los niños son más propensos a decir que también están ahorrando para eso por su cuenta. Los niños cuyos padres discuten de finanzas familiares con ellos son más propensos a sentirse «inteligentes» acerca de dinero, y los niños cuyos padres hablan con ellos acerca de establecer objetivos financieros también son más propensos a considerarse a sí mismos como «ahorradores». Como con la mayoría de los temas más complicados de la paternidad, hablar es nuestra primera línea de defensa.

Las actitudes con el dinero se transmiten de padres a hijos de manera tan clara como el pelo rizado o los labios carnosos. Asimilamos frases, hábitos y actitudes que vemos de nuestros padres. Sé que hoy disfruto al ahorrar dinero porque mis padres me enseñaron los principios cuando era una preadolescente, al ofrecerme equiparar los ahorros que yo retiraba para la universidad de mi asignación y de las ganancias por los trabajos de verano. Mi mamá me ayudó a abrir mi primera cuenta para la jubilación cuando tenía veinte años y no interfirió cuando vendí mis inversiones después de una pérdida importante durante la burbuja tecnológica, mi primera lección fuerte sobre inversiones. No he vuelto a vender cuando el mercado está bajo.

Los prejuicios de género se pueden transmitir también. Además de hablar con nuestras hijas sobre dinero también vale la pena considerar el comportamiento financiero que estás modelando o, incluso, cómo contrarrestar los mensajes sexistas de nuestra cultura. Cuando Lego hace juguetes para niñas que representan peluquerías y centros comerciales, y cuando incluso la Barbie «ingeniero informático» tiene chicos que la ayudan a gestionar la codificación por ella, los padres tienen que ofrecer otra realidad. Para ello hay que comenzar considerando nuestros propios prejuicios interiorizados. Un padre al que entrevisté, emprendedor y experto financiero, explicó que él y su mujer tratan a sus hijos e hija con igualdad, antes de añadir que cree que se hará más difícil conforme su hija crezca y quiera cosas más caras «como quieren las niñas». Dijo eso incluso antes de mencionar que su hijo acababa de derrochar en un juego de ciencia y tecnología de gama alta. Si incluso nuestros padres esperan que gastemos más en ropa y zapatos, entonces qué más da cumplir las expectativas.

Casi cada mamá a la que he entrevistado podría señalar un padre, abuelo u otro familiar que le enseñó a disfrutar administrando el dinero cuando crecía, a no tener miedo y a aceptar las finanzas personales como una faceta del crecimiento, tanto como aprender a controlar la natalidad o limpiar el baño. Esas lecciones no siempre se interiorizaron inmediatamente, por lo que a menudo tuvieron que recuperarse de errores monetarios cometidos cuando eran mujeres jóvenes, recordando a veces esa inspiración inicial décadas después. Somos los roles a seguir por nuestras hijas e hijos, la siguiente generación de padres. Nuestros hijos observan cómo consumimos, ahorramos, invertimos y damos dinero. Podemos buscar oportunidades para hablar de dinero con nuestros hijos, incluso si a veces es raro o incómodo. Tenemos un tiempo limitado para dar lecciones de finanzas específicas antes de que nuestros hijos abandonen el hogar. Esas lecciones incluyen cómo utilizar una tarjeta de crédito y entender un sueldo.

PEQUEÑOS ESPÍAS

Nuestros hijos nos estudian todo el tiempo, incluso cuando creemos que están distraídos, como si fueran agentes de la CIA altamente entrenados. Unas veces, sorprende escucharles repetir nuestras palabras cuando hablan con nosotros; otras, es adorable. Una cosa es segura: en todo, desde comer a vestirse, pasando por cómo interactuamos con nuestras parejas, somos sus modelos a seguir. Para bien o para mal, basan sus propias identidades en ciernes en lo que nos ven hacer. Como le dijo la terapeuta a Tori Spelling (durante un episodio del programa de telerrealidad *True Tori*) cuando intentaba rehacer su matrimonio, nuestros hijos crecerán para ser exactamente como nosotros. Así que si quieres que sean saludables y felices (y ricos), cambia tú primero.

Como niños de dos años, mis hijos empezaron fingiendo que iban al supermercado llevando pequeñas bolsas por toda la casa, recogiendo juguetes y poniéndolos dentro de las bolsas. Cuando llegaba la hora de pagar por los artículos en un cajero imaginario, pasaban las tarjetas de crédito de mentira a través de mi mano. «Ahí lo tienes», decían. Prácticamente solo nos han visto pagar a mí y a su padre con tarjeta o por Internet. Eso nos hizo reflexionar, de manera que ahora utilizamos efectivo más a menudo en vez de tarjetas de crédito, para que nuestros hijos comiencen a hacerse a la idea de que el concepto de dinero es real. También me aseguré de que tanto mi hijo como mi hija me vieran pagando por los artículos en la tienda o encargándome de la cuenta en los restaurantes, aunque eso signifique tener que luchar contra la tentación de simplemente dejar que mi marido agarre el recibo.

Tras mi conversación con Judith Ward en T. Rowe Price, comencé a buscar maneras de facilitar que mis hijos observasen algunas de mis decisiones monetarias diarias. Cuando mi hija necesitó leotardos para gimnasia, revisamos juntas las distintas opciones en la red y comparamos precios. En el supermercado, le enseñé a mirar el precio por unidad para hacer comparaciones «de manzanas a manzanas», cuando los cartones de leche tienen distintos tamaños, de la misma manera en la que recuerdo que mi padre me enseñara. En la feria del libro de la escuela, le dije que su presupuesto era de veinte dólares, y cuando lo alcanzó, entendió que no podía adquirir otro libro, a pesar de que quería uno.

Hay tantas cosas sobre el dinero que son invisibles hoy o, al menos, tan altamente conceptuales, que las demostraciones prácticas pueden ser difíciles. ¿Cómo puedo explicarles a mis niños de forma sencilla que abrí una cuenta 529 para sus ahorros universitarios cuando todo se hizo a través de una página web? ¿Cómo puedo explicar el pago de una hipoteca y la factura del cable cuando ambas se deducen automáticamente de nuestras cuentas bancarias cada mes? ¿O que su padre y yo deducimos dinero de manera automática de nuestros sueldos para nuestro 401(k)? Por las investigaciones de T. Rowe Price, Charles Schwab y otros, supe que teníamos que tener esas conversaciones; pero no sabía cómo.

Terminé copiando una estrategia de mi experta en paternidad favorita, mi madre. Ella nos escribió una carta a mis dos hermanas pequeñas y a mí cuando nos adentrábamos en la edad adulta, detallando las decisiones financieras que tomaron ella y papá, y cómo algunas elecciones ahorrativas les permitieron comprar una casa y ahorrar para nuestra educación. Contó cómo ahorraron un cuarto de sus ingresos, relativamente modestos cuando se casaron, lo que les permitió comprar una casa pequeña antes de que naciera. También explicó que convirtieron en prioridad evitar deudas con tarjetas de crédito.

Su carta llegó justo cuando estaba tomando decisiones propias importantes: si volver a la escuela de posgrado, qué tipo de carrera seguir y si abrir una cuenta para la jubilación con mi primer y mal pagado empleo. Lo que escribió no era sorprendente —crecí viéndola tomar decisiones ahorrativas todo el tiempo— pero me ayudó a reformar mis valores financieros y el enfoque que le quería dar a mi dinero.

La carta también incluía cosas que desconocía; concretamente, que mis padres casi tuvieron que pedir prestado dinero a familiares al principio de su matrimonio después de que un conductor borracho chocara con ellos cuando iban a finiquitar la compra de esa primera casa. (Eso fue antes de que mi madre aprendiera la importancia de tener un fondo de emergencia). Mi madre también contó sus errores de inversión, incluida la vez en la que puso dinero en un producto que supuso pérdidas después de que hubiera pagado todos los honorarios de asesoría. Concluyó la misiva con una lista de pasos a seguir que se lee como uno de esos artículos financieros personales que escribo ahora de manera diaria: comienza a ahorrar para la jubilación pronto, sé precavido con los asesores financieros que te presentan productos cuando ganan unas tasas por hacerlo y nunca inviertas en nada que no entiendas.

Durante los siguientes años, conforme iba afianzando mi propia vida financiera, ganando unos ingresos estables por primera vez y comenzando a ahorrar para la jubilación, terminé siguiendo prácticamente todos sus consejos. Quizás lo hubiera hecho de todos modos, habiendo crecido aprendiendo lecciones solo de observarla, pero su carta verbalizó algunas de esas lecciones y me dio algo que puedo releer cuando necesite refrescar la memoria.

TEMAS DE CONVERSACIÓN

Si eres como la mayoría de los padres, la idea de sentarte y hablar de dinero con tus hijos es tan apetecible como hablar sobre el origen de los bebés con un preescolar o de sexo seguro con un adolescente. Es raro e incómodo. Pero también es muy importante porque el futuro de nuestros hijos se verá muy afectado por lo que aprendan de nosotros.

La encuesta «Los jóvenes y el dinero» elaborada por Charles Schwab en 2011 halló que el 82% de los adolescentes dicen que aprendieron a gestionar su dinero con sus padres, y tres de cada cuatro creen que sus padres fueron un gran modelo a seguir, pero que tenían ganas de más: los adolescentes encuestados dijeron que les gustaría aprender más sobre seguros, inversiones, impuestos sobre los ingresos y estrategias de ahorro. También dijeron que querían que sus padres hablasen más de presupuesto y gestión del crédito con ellos.

En ese espíritu, a continuación presento una docena de conversaciones que puedes considerar para tener con tus hijos, en función, por supuesto, de su edad y adaptadas a las experiencias de su vida y cultura familiar. Están basadas en mis experiencias con madres, expertos en educación financiera e investigadores acerca de cómo aprenden los niños y lo que necesitan para llegar a la mayoría de edad en este mundo financieramente complicado.

NO. 1:

LOS ERRORES MONETARIOS QUE HAS COMETIDO

A los pequeños les encanta escuchar los errores que has cometido. No solo te hace parecer un poco menos infalible, sino que les hace saber que no hay ningún problema con equivocarse si sus padres tampoco son perfectos. Algunos posibles ejemplos que puedes compartir incluyen esperar para abrir una cuenta 401(k), acumular una deuda de tarjetas de crédito, no ahorrar lo suficiente y derrochar dinero en algo que no necesitabas.

NO. 2:

CÓMO GANAR DINERO
(Y USARLO PARA PAGAR GASTOS FAMILIARES)

El hecho de que, a menudo, los cheques del salario nos lleguen a través de depósito directo, y que realicemos tantas compras en la red o con tarjeta, ha convertido el intercambio de bienes y servicios en efectivo en algo prácticamente invisible. Mis hijos piensan que Amazon es una gran tierra de productos que cualquiera puede hacer que se los traigan con solo un par de clics en un botón. Hablar acerca de cómo mamá y papá trabajan duro para ganar su salario, de manera que podamos transformarlo y usarlo para pagar por nuestra comida, vivienda y automóvil es una forma de hacer que el mundo del comercio virtual sea un poco más real.

A medida que se hacen mayores, los niños empiezan a entender más sobre las distintas maneras en las que la gente puede ganar dinero y la importancia de ser emprendedor en la economía de hoy. Una mirada a las tiendas caseras en Etsy podría interesar a una niña de catorce años a la que le encanten las manualidades o el arte. Con tu ayuda, incluso podría empezar su propia tienda. (Asegúrate de animar a tus hijas tanto como a tus hijos a encontrar formas de ganar dinero. La encuesta a adolescentes del Charles Schwab halló que incluso a esa edad, los chicos ganan más que las chicas, con ingresos de 1.880 dólares frente a 1.372 dólares).

NO. 3:

CÓMO SER CRÍTICO CON LOS MEDIOS

No podía creer que, con cuatro años, mi hija empezara a emocionarse con los anuncios mostrados brevemente antes de la programación educativa. «¡Lo necesitamos!», me decía cuando la pantalla destellaba con un juguete colorido. Los niños todavía no tienen la habilidad de ver los anuncios con espíritu crítico o saber la diferencia entre un anuncio y un programa; así que, como padres, los tenemos que proteger y, a medida que crezcan, enseñarles a ser escépticos en lo que respecta a las promesas de la publicidad.

La organización sin fines de lucro Common Sense Media ha constatado que los niños se exponen a la publicidad en cualquier lugar: aplicaciones del teléfono inteligente, sitios web e incluso con la colocación de los productos en programas de televisión infantiles. Esos anuncios tienen consecuencias negativas serias sobre los niños, incluso problemas con la imagen corporal o desórdenes en la alimentación, de acuerdo con la organización. Un estudio de la Universidad de Arizona descubrió que los anuncios a los que se exponen los niños cuando son pequeños pueden seguir afectándoles durante la edad adulta, haciendo que, por ejemplo, se sientan atraídos por cereales azucarados. Dado el poder de los anuncios sobre el cerebro de los niños, intento evitar que mis hijos los vean, y pienso hablar más críticamente de ellos a medida que crezcan. (También uso el sistema de calificación de Common Sense Media para películas y otras formas de entretenimiento a fin de intentar evitar una programación llena de consumismo, así como violencia y contenido sexual inapropiado).

NO. 4:

ECONOMÍA 101

Incluso si tú misma tienes poco claros algunos de estos conceptos de alto nivel, hay libros que pueden hacer que el aprendizaje juntos (o la revisión) sea divertido. Para niños de ocho a catorce años, la novela *How Ella Grew an Electric Guitar* [Cómo se las arregló Ella para tener una guitarra eléctrica], del catedrático de finanzas Orly Sade (junto con la escritora Ellen Neuborne) es una fantástica introducción a conceptos económicos y de emprendimiento. La autora se inspiró en su vida en el hogar: su hija por entonces en cuarto grado quería comenzar un negocio y Sade no podía encontrar un libro que la ayudase a comenzar, así que decidió escribir uno. Otro libro bueno para niños en educación secundaria, más centrado en invertir es *The Short Seller* [La comerciante de ventas en corto], de Elissa Weissman. La protagonista calculó cómo vender acciones en Internet un día que sintió nostalgia en el colegio.

NO. 5:

PLANEAR OBJETIVOS GRANDES

Cuando los niños comienzan a pedir cosas caras, algo que tienden a hacer, puedes animarlos a pintar un dibujo acerca de lo que quieren y a considerar formas distintas en las que una familia podría ahorrar para posibilitar ese objetivo. Así piensan acerca de las concesiones y de retrasar la gratificación. Puede ser que uno de los mayores objetivos de la familia sea ahorrar para la universidad, de modo que cuando tus hijos empiecen a preguntar por ello, puedas explicarles la manera en la que estás haciendo sacrificios para destinar dinero a su educación.

NO. 6:

PRACTICAR LA GENEROSIDAD Y LA GRATITUD

Las actitudes y prácticas a la hora de dar varían de una familia a otra. Hablé con algunos padres que donan el 10% de sus ingresos a una institución religiosa a modo de diezmo mientras que otras dan dinero a lo largo del año de manera más esporádica, haciendo cheques para recaudaciones benéficas del colegio cuando se les solicita. Un tema común hacia el que me siento atraída por mi propia familia fue incorporar algún tipo de práctica de gratitud en mi vida diaria, ya sea mostrar apreciación por una comida o hablar de lo que aprecias o estás agradecido esta semana en una reunión familiar periódica. (Algo que mi propia familia hizo cuando estaba creciendo).

Se trata de tomar un descanso para querer y apreciar lo que ya tenemos, cultivando así un sentimiento de riqueza y al mismo tiempo dar la oportunidad de considerar cómo podríamos ayudar a otros que no son tan afortunados.

NO. 7:

HÁBITOS FRUGALES

Me gusta la idea visual que el columnista Ron Lieber del *New York Times* propone en su libro acerca de cómo criar hijos inteligentes en cuestiones monetarias, *The Opposite of Spoiled* [Lo contrario a malcriado]. Recomienda que dibujes una línea llamando «necesidades» a las cosas de un lado y «deseos» a las del otro, escribiendo los distintos artículos en la columna correspondiente. Cuando los hijos soliciten algo de nuevo, pueden considerar a qué parte de esa línea pertenece.

NO. 8:

PROTECCIÓN DE LA PRIVACIDAD EN INTERNET

Proteger la privacidad no solo defiende el futuro financiero de nuestros hijos, sino también su seguridad. Cuando empiecen a meterse en Internet, podemos enseñarles a limitar los detalles personales y las fotos que comparten porque cualquier cosa que posteen es potencialmente accesible para extraños y podrá encontrarse en la red siempre. Podemos enseñarles a mantener información personal como las fechas de nacimiento fuera de Internet e, incluso, a usar nombres falsos en las cuentas digitales. Eso es lo que Julia Angwin, experta en privacidad en Internet y autora, anima a que hagan sus hijos. De ese modo, sus amigos saben quiénes son en linea pero son anónimos de otro modo. (Es la misma estrategia usada por profesionales de la salud que no quieren que los pacientes encuentren sus cuentas personales de Facebook).

NO. 9:

HERRAMIENTAS FINANCIERAS QUE TE PROTEGEN DE SITUACIONES DESAFORTUNADAS

Incluso los adolescentes podrían encontrar este tema un poco árido; yo misma no escuché las lecciones de mi mamá sobre la importancia de los testamentos y los seguros de vida hasta que me convertí en madre. De todos modos, puede ser útil enfatizar a los adolescentes amantes del riesgo que, como veinteañeros, querrán asegurarse de contar con ciertas protecciones a mano, como los seguros de inquilino y de salud.

NO. 10:

CÓMO USAR LAS TARJETAS DE CRÉDITO Y LAS CUENTAS BANCARIAS

Este tema se quedó al margen de las conversaciones sobre dinero que mis padres tuvieron frecuentemente conmigo. Por eso, en un viaje fuera del recinto durante mis años en la universidad estuve cinco minutos de pie frente a un cajero, con clientes impacientes formando una cola detrás de mí, intentando descubrir cómo demonios insertar una tarjeta de débito y retirar dinero de la máquina. Unos meses después me di cuenta de que había sobregirado la cuenta bancaria y tenía que pagar una sanción. No es la peor forma de aprender, y nunca volví a sobregirar mis cuentas de nuevo, pero la situación podría haberse prevenido con un par de viajes útiles al banco durante mi adolescencia.

Del mismo modo, no es obvio en absoluto que realmente debas pagar la totalidad del saldo de la tarjeta de crédito cada mes en vez de pagar el mínimo requerido. Permitir que tus hijos miren por encima del hombro cuando gestionas tus cuentas y pagas tus facturas puede instaurar algunas de estas lecciones.

NO. 11:

SÉ ASERTIVA (CON LAS COMPAÑÍAS Y LOS JEFES)

Permite que tus hijos te oigan cuando llamas a una compañía para solicitar un reembolso o solicites un servicio mejor; enseña a tus hijos cómo se hace porque quizás tengan que hacer lo mismo un día. Del mismo modo, ayuda a tus hijos a que practiquen pedir más dinero antes de que reciban su primera oferta de salario, de modo que aprendan las palabras correctas a usar y estén más cómodos durante la negociación. Y, como sabemos, las chicas en particular pueden beneficiarse de ese apoyo.

Mi papá sostuvo estos simulacros conversacionales conmigo la noche antes de que negociara el salario de mi primer trabajo, y la conversación subsiguiente acabó otorgándome un salario neto que era 5.000 dólares más alto de lo que habría sido si no hubiese preguntado. Teniendo en cuenta que todos los futuros salarios partieron de ese primero, el asesoramiento de mi padre ya ha impulsado mi nómina final en más de 100.000 dólares. Una investigación de Linda Babcock y Sara Laschever, autoras de *Las mujeres no se atreven a pedir*, estima que las mujeres que negocian sus salarios ganan un millón de dólares más en sus carreras que las mujeres que no lo hacen.

NO. 12:

SENTIRSE CÓMODO CON CONCEPTOS COMO JUBILACIÓN E INVERSIÓN

Familiarizar a los adolescentes con términos como 401(k) y Roth IRA puede ayudarles a prepararse para abrir sus primeras cuentas para la jubilación cuando consiguen su primer empleo a los veintitantos. Podemos ayudar a disminuir los miedos de la gente joven al mercado de valores hablando de él e incluso mostrándoles nuestros propios perfiles de jubilación cuando estén preparados.

Es sorprendente la facilidad con la que surgen estas conversaciones cuando empiezas a buscar oportunidades para tenerlas. Mientras trabajaba en este capítulo, comencé a notar oportunidades para hablar de dinero con mi hija prácticamente cada día. Cuando mi oficina organizó una recolecta de juguetes, le expliqué por qué necesitaba elegir un juguete sin abrir para donarlo a un niño que no tenía juguetes. Llegado el momento de calcular nuestros impuestos, cuando ella y su hermano veían una película, le hice un pequeño resumen de por qué una porción de nuestros ingresos estaba destinada a pagar servicios gubernamentales. Una pregunta acerca de por qué no tenía auto cuando era adolescente dio pie a una discusión acerca del costo de la gasolina y del seguro, así como el del propio automóvil. También comenzamos a notar más temas financieros integrados en los libros que leíamos, incluyendo la serie de *Ramona*, de Beverly Cleary, especialmente después de que el padre de Ramona pierde su trabajo y tiene que encontrar uno nuevo. A mis hijos también les encantaba *Un sillón para mi mamá*, de Vera B. Williams, sobre ahorrar monedas para comprar una nueva silla después de un incendio en casa. El efecto visual de almacenar las monedas sobrantes en un jarro gigante tiene sentido para ellos.

Cada vez que mi hija pide una historia de «cuando yo era pequeña», una solicitud diaria cuando vamos de camino a la escuela en auto, intento incorporar historias acerca de cómo mis padres nos enseñaron a no malgastar comida y cómo fue para mi padre —su abuelo— crecer con raciones durante la Inglaterra después de la Segunda Guerra Mundial. (Pronto empezó a pedirle directamente a él que le contara historias sobre cómo solo le estaba permitido usar cierta cantidad de agua caliente en los baños y por qué sus padres cultivaban sus propios vegetales en un «jardín de la victoria» en su patio trasero).

Es más, los abuelos juegan un papel clave a la hora de tener esas conversaciones sobre dinero. En una encuesta de 2014 realizada por TIAA-CREF entre 1.000 nietos y sus abuelos, tres de cada cuatro encuestados dijeron que sus abuelos influyeron en sus hábitos de ahorro y gasto, pero solo tres de cada diez abuelos se dieron cuenta de ello. Los investigadores señalaron que las historias de los abuelos acerca de su crecimiento durante épocas de escasez o dificultades pueden ayudar a abrir los ojos a sus nietos ante las modalidades ahorradoras y a una cultura menos materialista que la que conocen.

El principal aporte de mis conversaciones con otras mamás fue que, como padres, no podemos ser pasivos con la educación financiera de nuestros hijos, especialmente cuando se trata de nuestras hijas. Del mismo modo que las conversaciones sobre alimentación saludable o sexo seguro, los padres tienen que asumir la responsabilidad de tener esa conversación o los niños empezaran a asumir todo tipo de ideas falsas e incluso dañinas. Entre la publicidad en la televisión y los poderes aparentemente mágicos de Amazon Prime, mis hijos podrían perder fácilmente el sentido de los límites y del ahorro. Si lo ignoramos, puedo imaginar establecerse comportamientos insanos y derrochadores, desde comprar libros y juguetes siempre que lo deseen hasta sentir que tienen derecho a las cosas sin ninguna relación con la generosidad o la responsabilidad.

Supe que algunas de mis conversaciones estaban calando en la cabeza de mi hija de cinco años porque comenzó a introducir el tema ella misma. Ahora es ella la que nos recuerda a nosotros que no deberíamos salir a comer porque es demasiado caro. Dulcemente, nos ha ofrecido sus ahorros en caso de que en algún momento nos quedemos sin dinero. Un fin de semana por la mañana, cuando me senté para pagar las facturas, me preguntó si podía ayudarme. Se sentó a mi lado y me observó mientras yo intentaba entender por qué la factura del agua se había incrementado tanto desde el periodo anterior, y después le dijo a su padre que teníamos que buscar la forma de gastar menos agua. (Lo que más le gustó fue ayudar a poner el sello y el remitente en el sobre). Cuando su hermanito casi arruina el sofá al pintarlo por encima con sus crayones dorados, ella se lo tomó incluso peor que sus padres porque «comprar un sofá nuevo sería demasiado caro». (También trabajó tan duramente como nosotros para fregar las marcas de crayón).

ESCUELAS DE PENSAMIENTO

Cada vez que preguntaba a las mamás (y a los papás) listos acerca de la manera en la que gestionaban las pagas en sus familias, escuchaba un sistema de distribución de la mesada para los niños distinto pero específico, muy adaptado a las preferencias y personalidades de los niños y a la historia de la familia. No había dos planes de mesada idénticos, pero cada uno parecía funcionar bien para la familia que lo ideó. Y la mayoría de los padres —el 70%, de acuerdo con una encuesta de 2015 de T. Rowe Price— opta por darles a los niños algún tipo de mesada.

Steve Schaffer, fundador y ejecutivo de la página web de cupones y ofertas Offers.com, da a cada uno de sus hijos en edad escolar cinco dólares más cincuenta centavos por cada año de vida, de manera que la más pequeña, de diez años, recibe diez dólares. Después, pagan el 25% de ese dinero a lo que Steve llama «impuestos familiares». La niña de diez años se queda con siete dólares y cincuenta centavos. Después, tiene que aportar el 15% a su cuenta de ahorros, dar un 10% a caridad y el resto puede gastarlo como quiera. (Su mujer hace un seguimiento detallado de las cantidades en unas fichas). Un año, los tres chicos combinaron sus fondos para caridad con el objetivo de darle una bicicleta a otro niño por Navidades. Terminan usando su dinero para gastos en pequeños lujos que quieren, como juguetes, aunque Steve dice que se ha dado cuenta de que ya piensan en las compensaciones de manera distinta. Al principio, su hijo quería un iPhone, pero después de darse cuenta de los gastos mensuales que supondría, optó por esperar hasta que fuera mayor. «Se trata de enseñarles el valor del dólar», dice.

En *The Opposite of Spoiled* [Lo contrario a malcriado], Lieber escribe que después de darle la mesada a su hija en efectivo cada semana (recomienda comenzar con entre cincuenta centavos y un dólar por año de vida), separa la cantidad en tres contenedores distintos, para gastar, dar y ahorrar. En lugar de una alcancía en forma de cerdito, que pocas veces es transparente y tiene el mensaje subliminal de identificar ahorrar con un cerdito, utiliza recipientes de plástico decorados para guardar efectivo. A continuación, si quiere algo durante las vacaciones o de una tienda de juguetes, puede recurrir a su contenedor de «gastar» y calcular qué es lo que puede permitirse. Aunque su hija tiene ciertas responsabilidades en la casa, él evita vincular el pago a las labores domésticas porque dice que si lo hace está diciendo que estas tareas son trabajo voluntario pagado en vez de «asistencia» obligatoria en la casa. (La encuesta de T. Rowe Price constató que el 85%

de los padres sí conectan las tareas del hogar u otro tipo de responsa-bilidad en casa con la mesada).

Alisa Weinstein, escritora e impulsora de una mayor cultura finan-ciera, quería usar el sistema de mesada familiar para mostrarles a sus hijos, de siete y diez años, cuán placentero puede ser trabajar. Les da una paga en función de la finalización de las tareas relacionadas con posibles carreras futuras, como crear un folleto como agente de viajes o hacer un registro de huellas dactilares como oficial de policía. De manera sepa-rada, tienen la obligación de llevar a cabo tareas del hogar, como hacer sus camas. Dice que eso les enseña a sus hijos «cómo ganan dinero en el mundo real mamá y papá». Weinstein, que vive en Washington, D.C., escribió su libro *Earn It, Learn It* [Gánalo, apréndelo] para ayudar a otros padres a copiar su sistema basado en las profesiones.

Carrie Smith, una bloguera financiera, me dijo que su padre y su madrastra tomaron medidas extras para asegurarse de que el sistema de distribución de las mesadas fuera justo para Carrie, sus tres hermanas pequeñas y su hermanastro, al ser una familia combinada. Ellos le da-ban a cada niño una mesada semanal y complementaban en partes iguales el dinero que ahorraban para la primera compra de su automó-vil, así como para la matrícula de la universidad.

También hablaban a menudo acerca de gastar, ahorrar y presupues-tar por el camino. «Teníamos conversaciones familiares de manera pe-riódica acerca de nuestros objetivos y el punto en el que se encontraba nuestra familia financieramente. Mi padre siempre nos informaba cuando, en un mes concreto, nuestra familia tenía limitaciones mone-tarias, y que teníamos que pensar en gastar con más cuidado», recuerda Carrie. Si había una actividad escolar o deportiva, tenían que planificar y ahorrar para ello. Después, cuando ahorró 8.000 dólares para su primer auto, su padre igualó la cantidad, lo que le permitió comprarse un Jeep Liberty 2003.

Cuando estaba creciendo, mucho antes de recibir la carta detallada sobre finanzas de mi madre, mis padres seguían un sistema similar de igualación para animarnos a mí y a mis dos hermanas pequeñas a ahorrar. Por cada dólar de nuestra mesada que destinábamos a nuestras cuentas bancarias, ellos igualaban la cantidad hasta cien dólares. A partir de esa cantidad, aportaban la mitad. Ese sistema me permitió pagar un viaje a Australia durante mi primer año de universidad, una lección sobre el placer de retrasar la gratificación que nunca olvidaré.

Cuando estaba llevando a cabo mi investigación sobre mesadas, me di cuenta pronto de que la manera caótica en la que mi marido y yo estábamos dándole la suya a nuestra hija (un cuarto de dólar cada vez que limpia su habitación) no estaba funcionando. No estaba aprendiendo nada acerca de ahorrar o presupuestar. Desde entonces, hemos decidido introducir un sistema más formal. Ahora tiene labores que hacer en la casa, incluyendo limpiar su habitación y colocar en su sitio los cubiertos limpios del lavavajillas y, de manera separada, recibe un dólar cada sábado para su alcancía. (Estamos pensando en cambiarnos a un contenedor de plástico transparente, tal y como sugiere Lieber). Ella puede decidir cómo gastar ese dinero, si quiere emplearlo en una tienda de juguetes o comprar un recuerdo durante nuestro próximo viaje a la playa. A medida que se hace mayor, nuestro sistema se transformará para hacerse más complejo y nosotros involucraremos más a nuestros hijos en nuestras decisiones caritativas pero, por ahora, esto funciona bien.

Aunque cada sistema de distribución familiar de mesada es diferente, los exitosos tienden a tener ciertos elementos en común. Incorporan distintas categorías para gastar, ahorrar y dar; dan libertan para gastar «el dinero gastable» del modo en que el niño lo prefiera; permiten un desembolso periódico de fondos a la semana. También requieren de un sistema de seguimiento y almacenaje de dinero de manera que no se olvide ni se pierda, como literalmente utilizar fichas o meterlo en algún tipo de recipiente de fácil acceso. Igualar los ahorros da un incentivo extra al retraso de la gratificación; además, hay conversaciones y actualizaciones constantes del sistema de mesadas conforme las necesidades cambian y los niños crecen.

MAMÁ LISTA, MAMÁ RICA
PASOS A DAR

1. Considera el comportamiento financiero que estás modelando en tus hijos actualmente y qué podrías querer cambiar para enviar un mensaje distinto. ¿Te ven pagando por los bienes y servicios que te dan placer? ¿Te ven optando por abstenerte de realizar algunas compras o retrasarlas? ¿Te ven haciendo concesiones o hablando de distintas elecciones financieras?

2. Busca formas de tener más conversaciones sobre dinero con tus hijos, aunque todavía sean jóvenes. Usa las oportunidades que vengan naturalmente por las preguntas que te hagan tus hijos, ya sea sobre una decisión de compra o sobre por qué pagas las facturas.

3. Si tienes un esposo o pareja, piensa en lo que tus hijos observan sobre la manera en la que gestionan el dinero juntos. ¿Es uno de los dos el que normalmente paga, administra las facturas o toma decisiones financieras? Si tus responsabilidades financieras están determinadas por cuestiones de género, podrías considerar hacer que las cosas sean más

igualitarias, no solo por tu futuro financiero, sino también por la educación de tus hijos.

4. Busca el apoyo de miembros de la familia, especialmente los abuelos, que pueden ayudar a que las lecciones sobre ahorro se sientan más reales con historias sobre su propia infancia. Si viven lejos, anima a tus hijos a hacerles preguntas sobre sus vidas a través de Skype o de correos electrónicos..

5. Diseña un sistema de distribución de la mesada a los niños que tenga sentido para tu familia, basado en las historias, edades y preferencias de tus hijos y en sus hábitos actuales. Puede que quieras experimentar con los distintos métodos mencionados en este capítulo antes de establecer un enfoque personalizado.

6. Dale voz a los valores financieros de tu familia a través de una carta escrita a tus hijos o una declaración escrita de objetivos familiares, con metas, prioridades y valores. (El manual al final del libro ofrece una plantilla del tipo «Querida hija», a modo de comienzo).

7. Busca ayuda cuando la necesites para desarrollar la educación financiera de tu hijo. Hay multitud de recursos para padres que quieran enseñar más a sus hijos sobre dinero. Hay instituciones financieras privadas que tienen páginas web para niños, como MoneyConfidentKids.com, de T. Rowe Price. El gobierno ofrece varios recursos digitales en MyMoney.gov, MoneyasYouGrow.org y Admongo.gov. Y Pbskids.org/dontbuyit, un sitio web de la Corporation for Public Broadcasting [Corporación para la Emisión Pública], te ayudará a crear críticos de los medios en ciernes.

9

DE VUELTA A TI

Aunque es cierto que la paternidad nunca termina (todavía necesito a mi madre, aunque yo también lo sea), hay un momento en el que se hace un poco más fácil. Puede que suceda poco a poco, o de golpe cuando tu hija vaya a la universidad, pero en algún instante, tienes tanto tiempo para ti misma de nuevo como antes de convertirte en mamá. Con un poco de suerte y planificación, también puedes tener la experiencia vital y los recursos para invertir en ti misma y explorar posibilidades nuevas. Puedes pensar en qué quieres hacer después, e incluso en lo que quieres ser, ahora que criar a un hijo no consume cada momento del día ni cada pisca de tu energía. (Y si todavía estás en los años del vasito para que aprendan a sorber y los pañales, intentando terminarlo todo durante una siesta, puedes echar un vistazo en este capítulo a un futuro que está más cerca de lo que crees, y aprender a prepararte para disfrutarlo).

La manera en la que decidas emplear tu tiempo libre tiene sus ramificaciones financieras. Quizás decidas laborar más duro en tu trabajo, incrementando tus ingresos y la reserva para la jubilación. Quizás aspires a lo contrario, reducir las horas de manera que puedas dedicar más tiempo al voluntariado, a cambiar de sector, a comenzar algo nuevo o volver a una afición olvidada hace tiempo. Puede que sea hora de volver al colegio, formarte en algo completamente diferente de lo que has hecho durante las últimas décadas, o abrir un negocio.

Enseño una clase de redes sociales en la escuela de estudios profesionales continuados de la Universidad Americana, enfocada a mujeres de mediana edad que se encuentran en una especie de periodo de transición. A menudo se inscriben cuando sus hijos se van a la universidad, cuando sus matrimonios se acaban o cuando están buscando un cambio en sus carreras. (A veces están viviendo estas tres situaciones transformadoras al mismo tiempo). En muchas ocasiones se inscriben en mi clase porque quieren que su presencia en las redes sociales refleje sus identidades nuevas y distintas, y les ayude en los siguientes pasos. Me han enseñado mucho sobre cómo prepararme para la mediana edad y la jubilación, a través de las decisiones que ellas han hecho, no yo.

Una excientífica que abandonó su trabajo altamente dinámico a tiempo completo para criar a sus hijas hace quince años, está ahora aprovechando su formación en una nueva carrera en una franquicia de productos de belleza. Espera poder ganar unos ingresos estables como emprendedora autónoma que establece sus propios horarios, ya que sus hijos todavía viven en casa. Otra mamá de dos que es divorciada está reanudando su carrera como escritora y productora independiente, a la que se dedicó a tiempo completo por última vez antes de tener hijos. Otra mamá cuyo nido se ha quedado vacío, y que perdió a su marido por un cáncer, está forjando una carrera más creativa como redactora y bloguera poco a poco, alejándose del trabajo que antes realizara con los clientes. Todas están equilibrando sus elecciones en la vida con sus necesidades financieras, preferencias y limitaciones.

A través de una de mis estudiantes conocí a Maryam Amini, una mamá divorciada de cincuenta y un años con dos hijos de veintitantos que se ha lanzado como agente inmobiliario. Mientras conducía de vuelta a su apartamento en un suburbio de Washington, D.C., desde su oficina de Long & Foster, explicaba que tras separarse de su marido necesitaba ganar sus propios ingresos. Cuando sus hijos eran jóvenes, principalmente fue ama de casa, aunque aceptó cierto trabajo a tiempo parcial como contadora y organizadora de eventos. «Ahora estoy recibiendo una pensión conyugal, pero cada día temo que vaya a cortarla. Quiero poder trabajar y ser independiente por completo, lo que no he hecho nunca. Estoy determinada a hacerlo, me lo debo a mí misma».

Eligió el sector inmobiliario como su siguiente paso profesional en parte porque en vez de discriminar a las mujeres de su edad, dice que se valora la madurez. «Cuanto más mayor eres, más confía la gente en ti. Necesitas cierta experiencia en la vida para aconsejar a la gente con una inversión tan grande», dice. También le gusta la flexibilidad de los horarios. «Quiero libertad en esta etapa de mi vida para viajar y establecer mis propios horarios». Su primer cliente es ella misma y su exmarido, ya que está vendiendo la casa en la que vivieron cuando criaron a su familia. Piensa usar las jornadas de puertas abiertas y otros eventos relacionados con su venta para promocionarse a sí misma y conseguir más clientes.

A pesar de que el divorcio y sus ramificaciones financieras han sido estresantes, ocasionando noches de insomnio, Maryam dice que ahora se siente más emocionada que nunca en cuanto a su futuro:

Me siento muy poderosa e independiente; nunca me he sentido así. Puedo defenderme a mí misma. Con cincuenta y uno, he logrado algo y miro hacia el futuro con ganas. Hace un par de años, pensaba que mi vida estaba acabada, que simplemente me metería en un agujero y me quedaría ahí. Ahora, una nueva vida se abre ante mí. Ahora estoy deseando que pase cualquier cosa. Me levanto y es un nuevo día.

Las mamás como Maryam se encuentran en la cumbre de lo que la antropóloga Margaret Mead acuñó en la década de los cincuenta como «entusiasmo postmenopáusico». Gail Sheehy dedicó uno de sus libros *best seller, The Silent Passage* [El pasaje silencioso] al tema, escribiendo que la menopausia puede traer energía nueva y vida a la existencia de las mujeres. La célebre doctora Christiane Northrup defiende que esa etapa puede coincidir con nuevos niveles de creatividad, ambición y deseo de servir a otros en la comunidad.

La manera en la que elegimos hacerlo tiene un gran impacto sobre nuestra posición económica. Si continuamos trabajando, retrasando el seguro social hasta que alcancemos la edad de jubilación, entonces no solo podemos encontrarle un nuevo propósito a nuestro trabajo, sino también continuar trayendo ingresos. Si abrimos un negocio, puede que sigamos gestionándolo hasta nuestros setentas u ochentas. O también podemos aprovechar el patrimonio que hemos estado construyendo durante nuestra vida e invertirlo en clases o experiencias nuevas, o involucrarnos de manera más activa en actividades de voluntariado o caridad.

Las mamás a las que entrevisté siguieron todo tipo de direcciones en esta etapa de sus vidas; de sus elecciones se desprenden varias lecciones para aquellas que todavía estamos a años e incluso décadas de la jubilación. Como sugiere la investigación sobre profesiones llevada a cabo por las profesoras universitarias Lisa Mainiero y Sherry Sullivan, mencionada en el capítulo 4, a menudo las mamás de mediana edad buscan trabajos que les parezcan más auténticos. Muchas veces, los cambios son difíciles: puede que abandonen un trabajo cómodo de nueve a diez, que ya no les estimule; tomen una clase de algo que sea ajeno, por mucho, a su rutina, como escribir sus memorias; o se arriesguen a fracasar comenzando un negocio nuevo.

Como mamás, podemos prepararnos para esa época de la vida emprendiendo aventuras nuevas y explorando caminos distintos, incluso cuando nuestros hijos estén todavía en casa. Eso podría hacerse posible comenzando una tradición entre padre e hijo de salir de excursión los sábados por la tarde de manera que puedas quedarte en casa y escribir. O quizás signifique escaparte para tener clases de yoga los domingos a primera hora de la mañana y así tener tiempo para pensar. Muchas de las mamás con las que hablé optaron por levantarse pronto, antes que sus hijos, o quedarse despiertas hasta tarde, llevando a cabo una actividad que las hacía sentirse creativamente vivas, como gestionar una tienda en Etsy o bloguear. Cuidar de ti misma, y tus ambiciones, no solo es bueno para ti, sino que también lo es para tu familia.

CUESTIONES DE DINERO

Las mamás que se acercan a esta etapa de la vida tienden a tener que confrontar algunas decisiones financieras serias. Con la jubilación aproximándose y a menudo con carreras en movimiento, a menudo las mamás se preguntan a sí mismas: ¿qué debería hacer con el patrimonio que he acumulado hasta ahora? ¿Cómo puedo seguir ganando dinero conforme envejezco, especialmente si busco una transición lenta a la jubilación o tener más control de mis horarios? ¿Cómo puedo permitirme que «mi gran sueño» se haga realidad, ya sea iniciar un negocio o pasar tres meses en París? ¿Y cómo puedo compensar los errores financieros previos, desde no ahorrar lo suficiente hasta acumular deuda?

Cuando hablé tanto con expertos en finanzas como con mamás de mediana edad sobre estas encrucijadas financieras, una estrategia común que surgió fue la importancia de adoptar un papel mucho más activo y consciente en la administración del dinero, sobre todo para aquellos que se han mantenido relativamente apartados hasta ahora. Cuando tienes cuarenta años puedes empezar a vislumbrar el futuro financiero de tu jubilación y el que no parezca seguro es una llamada lo suficientemente aterradora como para inspirar hoy algunos recortes de tu presupuesto si es necesario. Es buen momento de volver a revisar los calculadores digitales para la jubilación (mencionados en el capítulo 5) y asegurarte de que vas por el buen camino.

Cualquiera que sea la fase en la que te encuentres, no es demasiado tarde para reponerte de los lapsus económicos previos. Si no has alcanzado tus objetivos para la jubilación, es la hora de compensarlo. Busca maneras de recortar tus gastos actuales para que puedas destinar la mayor cantidad posible anual a fondos de jubilación con ventajas fiscales. Busca un perfil de riesgo que tenga sentido en la fase en la que te encuentras; si solo te falta una década o dos para jubilarte completamente, entonces querrás ser una inversora más conservadora que una mamá de treinta y tantos con otros treinta años de trabajo por delante. También quieres asegurarte de tener un fondo sólido de emergencia para cubrir lo equivalente a seis meses (o más) de gastos; los despidos pueden ocurrir a cualquier edad, por lo que los adultos mayores suelen tener más dificultades para encontrar un trabajo nuevo. Los gastos de salud inesperados tienen más posibilidades de ocurrir en esta fase de la vida.

A menudo, escuchar a las mamás mayores puede arrojar luz —e inspirarte— para tomar decisiones más inteligentes hoy. Cuando puse un anuncio en Twitter preguntando por «abuelas dispuestas a hablar de dinero» conmigo, Kitt Turner, una abuela de sesenta años y abogada especializada en bancarrotas de Filadelfia, me contactó inmediatamente. Cuando la llamé a su oficina, me explicó que tenía un nieto de tres años que estaba empezando a comprender la noción de las necesidades frente a la de los deseos. Como seguidora ávida de la CNBC, dijo que está considerando darle una acción de Disney en algún momento, de manera que pueda comenzar a comprender el mercado de valores.

Y en lo que respecta a sus propias finanzas, su preocupación principal, explicó, es tener el dinero suficiente para que dure el resto de su vida. Como muchas mamás, desearía haber empezado a ahorrar más dinero para la jubilación antes. Ahora, hace lo que puede para alcanzar el punto en el que le gustaría encontrarse.

«Hace unos años, empecé a decir: "Vamos a ver, ¿cuánto dinero necesitaré para vivir durante mis años de jubilada?"», cuenta. Creó tres niveles de presupuesto distintos, que acuñó con humor «comida para gatos», «atún» y «sushi». Esperaba ahorrar lo suficiente para alcanzar el nivel presupuestario «sushi», al menos por un tiempo. Entonces, empezó a hacer un seguimiento de todos sus gastos para ver cuánto estaba gastando. «Me di cuenta de que había fugas de dinero por todos lados», dice.

«Me fustigo cada día. Debería haber empezado mucho antes», dice cuando piensa en cómo gastó su dinero cuando tenía veinte y treinta años. Siempre les recuerda a sus hijos que pongan dinero en sus cuentas 401(k) de manera que puedan beneficiarse del interés compuesto por décadas. Desde que se tomó más en serio lo del presupuesto hace unos años, Kitt ha comenzado a retirar más dinero para la jubilación, pero siempre se arrepiente de haber perdido el potencial del interés compuesto de esos años.

El plan actual de Kitt es continuar trabajando como abogada especializada en bancarrotas hasta que le sea posible, aunque admite que la hora de jubilarse puede no depender completamente de ella. Siempre cabe la posibilidad de que los trabajos desaparezcan o que enferme. Espera continuar trabajando al menos seis años más, cuando alcanzará su edad de jubilación y podrá recibir los pagos del seguro social sin una sanción. Entonces, planea dedicar su energía a ser abogada a tiempo parcial, hacer voluntariado y a, por supuesto, su nieto.

Trabajar hasta mucho más tarde de la edad de jubilación es un tema que a menudo escuché a las mamás que entrevisté, especialmente si habían encontrado un trabajo con el que disfrutaban y que consideraban que tenía sentido. (Tampoco se trata únicamente de las mamás. Una encuesta de 2012 elaborada por Charles Schwab halló que uno de cada tres trabajadores con ingresos promedio en los sesenta dijeron que no querían retirarse, la mayoría afirmaba que por elección propia, no porque tuvieran que continuar trabajando por dinero). Trabajar hasta más tarde adopta todo tipo de formas. Podría significar abrir su propio negocio en un momento tardío de su vida, seguir una carrera profesional a tiempo parcial, hacerse autónomos de manera que tengan un mayor control de sus horas o usar la experiencia que han adquirido durante toda una vida y aplicarla a trabajo de voluntariado. Ese es el camino que mi mamá ha adoptado. Después de una carrera como defensora de los derechos del consumidor trabajando en políticas sanitarias, ahora ayuda a su propio pueblo a estar preparado para ayudar a los residentes a envejecer sin problemas, reduciendo el aislamiento, organizando visitas gratuitas al doctor y asistiendo a la gente para explorar sus prestaciones de Medicare.

Si eres capaz de retrasar el momento de recibir los beneficios del seguro social hasta que tengas la edad de jubilación, tal y como Kitt Turner aspira, recibirás más dinero cada mes. Es como comprar una anualidad sin todas las tasas y comisiones. «Pagas» con unos ingresos reducidos en tus sesenta y te beneficias de unos ingresos más altos después. Si, por ejemplo, tu edad de jubilación son los sesenta y siete años, tal y como sucede con cualquier persona nacida en 1960 o después, tus beneficios se reducirán cerca de un 30% si empiezas a recibirlos con sesenta y dos años. La reducción baja gradualmente cuanto más esperes para recibir las prestaciones, hasta los sesenta y siete años, que es cuando recibes prestaciones plenas. Si lo retrasas hasta llegar a los setenta años, tus prestaciones subirán incluso más, en un porcentaje basado en el año en que naciste. Es una buena forma de impulsar tu calidad de vida para los próximos años, si puedes permitirte unos ingresos reducidos durante el principio de tus sesentas. (Por supuesto, los políticos debaten constantemente si subir la edad de jubilación, así que es posible que las normas cambien más antes de que veas algún dinero).

ALGO NUEVO

Otro tema recurrente entre las mamás a las que entrevisté es la importancia de invertir de manera activa en lo que quieras hacer después, sea lo que sea. En función de la dirección que quieras seguir, podrías tener que gastar dinero y tiempo para llegar allí. Eso podría significar trabajar con un mentor laboral, asistir a un curso en una universidad u obtener una certificación nueva en tu sector. Aun suponiendo un reto, estas inversiones pueden darte estabilidad especialmente si estás afrontando una transición en tu vida, como un divorcio, la partida de los hijos a la universidad o retirarte de un trabajo a tiempo completo.

Si tienes una pareja, querrás sentarte y hablar de cómo crees que se presentan las próximas décadas: por ejemplo, cómo quieres gastar y administrar tu dinero, cuándo quieres dejar de trabajar o si quieres trabajar menos y cómo quieres emplear tu tiempo libre. Cuando Ellen Rogin, planificadora financiera certificada y coautora de *Picture Your Prosperity* [Imagina tu prosperidad], habló con su marido acerca de sus sueños para la jubilación, se sorprendió al escuchar que él quería llevar a cabo una gran travesía en barco por el Caribe con sus amigos. Tras casi tres décadas de matrimonio, nunca le había escuchado decir eso antes; pudieron empezar a planear para ello a partir de esa conversación.

También es una opción popular ganar dinero a través de actividades de emprendimiento para aquellas mamás con más libertad y dinero en sus manos cuando sus hijos se independizan. El dinero extra generado por esas actividades también puede ayudar a financiar los viajes soñados y otros derroches, así como la jubilación.

Cuando su hija era pequeña, Dana Lisa Young, profesional del bienestar de Atlanta, decidió ampliar lo que era su negocio secundario, practicar la reflexología y servir como *coach* a los clientes; al fin, abandonó su trabajo a tiempo completo en una firma de servicios profesionales. No solo ganó un mayor control sobre sus horarios, sino que sintió una mayor satisfacción creativa y profesional. «Me encanta poder ayudar a la gente a aprender a darse prioridad a sí mismos y a mejorar su bienestar físico y emocional. Es muy entretenido, gratificante e inspirador trabajar viendo cómo mejoran las personas», dice. Ella decide sus propias horas y realiza la mayor parte de su trabajo con los clientes durante horario escolar y a veces a primera hora de la tarde, cuando su marido está en casa, así como parte de los sábados. Dana, ahora en la mitad de sus cuarentas, continúa construyendo su negocio, enseñando más seminarios y liderando retiros, al mismo tiempo que también trabaja en un libro sobre sanidad.

La autora y mamá Lynne Strang hizo un movimiento similar en su mediana edad, cuando sus hijos ya estaban crecidos. Había sido ejecutiva de comunicaciones prácticamente por tres décadas cuando decidió dejar su vida de oficina y embarcarse en una carrera como escritora independiente. Sus hijos estaban en la escuela secundaria cuando hizo la transición; dice que anhelaba tener flexibilidad en sus horarios incluso más que cuando era joven. Estaba cansada de desplazarse durante dos horas cada día y también quería hacer más voluntariado. «No quería trabajar menos horas, sino tener un mayor control sobre cuándo y dónde trabajar esas horas», dice.

Renunció y se embarcó en una carrera como escritora independiente y consultora. Tuvo que aceptar un recorte salarial, pero como siempre había vivido por debajo de sus posibilidades, abriendo cuentas para la jubilación en las primeras fases de su carrera, maximizando sus contribuciones al 401(k) cada año en el que tuvo un trabajo tradicional y evitando deudas de tarjetas de crédito fue capaz de hacer la transición a un nuevo estilo de vida sin contratiempos importantes. Su primer proyecto fue escribir un libro sobre otros emprendedores que tuvieron sus comienzos tarde en la vida. Publicó su libro, *Late-Blooming Entrepreneurs: 8 Principles for Starting a Business After Age 40* [Emprendedores tardíos: ocho principios para comenzar un negocio después de los cuarenta], cuando también ayudaba a sus hijos adolescentes a moverse entre las distintas solicitudes de escuela secundaria y universidad. «A medida que se hacían mayores, continuaron necesitando ayuda de sus padres, pero el tipo de asistencia cambia», dice. Cuando sus hijos eran jóvenes y ella estaba centrada en ascender profesionalmente en el mundo corporativo, tuvo a sus padres y sus suegros cerca para ayudarla con el tipo de atención personal que necesitaban los niños. Ahora, tiene más tiempo para sus hijos ya crecidos y para sí misma.

MAYOR PARTICIPACIÓN EN LAS REDES SOCIALES

Si construir una carrera o identidad profesional nueva, o desarrollar en profundidad la que ya tienes, es parte de tu plan, las plataformas sociales pueden ayudarte. Estas van a tener un papel cada vez más importante en la fuerza laboral y la financiera, ya que cada vez son más las compañías y las personas que las señalan como forma preferida de comunicación en un mundo creciente. Tanto si es intencional como si no, las redes sociales proyectan lo que eres en el mundo: qué se te da bien, qué te interesa, qué tienes que ofrecer. Esto influye sobre los tipos de trabajos y oportunidades que se te cruzan, a quién conoces profesional y personalmente e incluso si tienes posibilidades de convertirte en el objetivo de un estafador. Aunque efectivamente hay un lado peligroso en el hecho de que la gente pueda saber detalles sobre ti tan rápidamente en Internet, como el valor de tu casa, siendo accesible a cualquiera que conozca tu dirección, también puede ser una herramienta poderosa para lograr lo que quieras, especialmente conforme tus objetivos cambien. Puedes definirte de la manera que quieras en Internet y usar las plataformas para llegar a empleadores y clientes potenciales. Si has sido redactor toda tu vida y quieres convertirte en escritor, puedes llamarte a ti mismo escritor en tu perfil de Twitter y empezar a proponer artículos a páginas web y revistas. Si has sido mamá ama de casa y ahora estás lanzando tu propio negocio en Etsy, tu identidad de Twitter puede mostrar las palabras «emprendedora creativa» con un enlace que dirija a la tienda Etsy. Puedes unirte a chats de Twitter en Etsy sobre emprendimiento creativo. Tus cuentas en las redes sociales pueden servir a modo de flechas que apunten amablemente en la dirección a la que quieres ir, hasta que llegues.

Una de mis estudiantes quería ser, como parte de su carrera profesoral, activista de los estudiantes que hablan inglés como segundo idioma. Así que escribió #ESOL como uno de sus intereses en su perfil de Twitter; comenzó a compartir noticias sobre educación, lenguaje e inmigración; y siguió a otros líderes de ese sector. Empezó a publicar artículos relevantes en su Twitter, a seguir discusiones sobre inmigración usando el hashtag #immigrationaction y se aseguró de que su perfil de LinkedIn también reflejase sus intereses, de manera que potenciales empleadores y compañeros activistas pudieran conectarse con ella. Encontró su comunidad en Internet, la que ahora puede encontrarla a ella.

Tener una presencia poderosa en la red puede conducir a oportunidades nuevas que no habrías sabido que existían de otro modo. Si eres una mamá que bloguea sobre comidas familiares sanas, una empresa de comida saludable podría pedirte que fueras su portavoz. Si tu nombre surge cuando un seleccionador busca abogados de familia en tu pueblo, podrías conseguirte una nueva oportunidad laboral o hasta clientes. Si eres fotógrafa con una habilidad especial para capturar momentos familiares al aire libre, tu página de Instagram podría proporcionarte una corriente continua de clientes nuevos cuando los que tengas lo compartan con sus amigos. Por otro lado, si alguien busca tu nombre en Internet y no aparece nada, o se muestran aspectos aleatorios como donaciones políticas o, incluso peor, aparece una chica de dieciocho años con tu nombre y una predilección por las fiestas y por tuitear, podrías perder una oportunidad antes de ni siquiera saber de su existencia. Robin Fisher Roffer, autor del libro sobre imagen personal *Make a Name for Yourself* [Crea tu propia reputación], dice que sus cuentas en la red la ayudan a establecer tasas más altas por sus conferencias y que también le proporcionan muchos de sus clientes para servicios de asesoría y seminarios web.

Además de los beneficios financieros, también tiene ventajas sociales e incluso para la salud: de acuerdo con el proyecto del Pew Research Center sobre Internet y la vida estadounidense, el uso de las redes sociales puede reducir los niveles de estrés de las mujeres ya que las ayuda a sentirse apoyadas y conectadas con los demás. Puedes compartir tus metas con otros, recibir un servicio de atención al cliente más rápido por parte de las tiendas e incluso hacer preguntas a tu banco a través de Twitter y Facebook.

Sin embargo, también tiene sus riesgos, por lo que hay que adoptar ciertas medidas para protegernos a nosotras y a nuestras familias —incluso para cuando ya no estemos aquí—, de daños derivados de lo compartido en la red. Del mismo modo que los estafadores investigan las horas de los servicios funerarios para sacar su botín o vaciar casas, también están al acecho en las redes sociales para obtener información clave, como fechas de nacimiento y aniversarios, que pueden utilizar para acceder a nuestras cuentas financieras. A menudo, las preguntas de seguridad de nuestras cuentas bancarias coinciden con información que se puede ver en nuestros perfiles de Facebook, incluso personas desconocidas que no hemos aceptado como amigos: por ejemplo, la escuela secundaria a la que fuimos y el segundo nombre de nuestra madre. Esos detalles se pueden usar para reestablecer una contraseña de manera remota y dar a un atacante acceso ilimitado a nuestra información bancaria, contraseñas o, como le ha sucedido a multitud de famosos, fotos nuestras desnudas.

Para proteger tu dinero (y a tu familia), considera adoptar estas medidas y así reforzar la protección de tus cuentas en las redes sociales:

1. Cuando esté disponible, como en Facebook o Google, establece una verificación en dos pasos. De ese modo, cuando alguien trate de iniciar sesión desde un aparato desconocido, tendrá que introducir una segunda contraseña enviada a un dispositivo móvil. Aunque puede ser incómodo cuando estés viajando y usando dispositivos nuevos, este proceso dificulta mucho el que alguien acierte con tu contraseña y que inicie sesión sin que estés presente.

2. Utiliza contraseñas difíciles de adivinar. Aunque sea difícil controlar las docenas de contraseñas para moverte por la vida moderna actual, es fundamental para tu seguridad financiera utilizar unas que sean complejas, no únicamente en tus cuentas financieras, sino también en tus cuentas de las redes sociales, ya que una brecha podría arriesgar tu identidad e incluso permitir hackeos en tus cuentas bancarias y de inversión. Un truco para ello es utilizar contraseñas

largas formadas por frases en las que también se intercalen números ("m1ci8udadfav0rita3sT0ki0"). También puedes usar una herramienta de encriptación como KeePass.info para que recuerde varias contraseñas por ti.

3. Nunca accedas a enlaces en correos que parezcan provenir de cuentas reales. El típico timo de «phishing» [suplantación de identidad] consiste en un estafador escribiendo un correo electrónico que parece enviado desde un lugar conocido, como Twitter o Facebook, pero con un enlace que te dirige a un sitio falso que te pide tu contraseña. Si entras, los malos se hacen de tu contraseña. En lugar de eso, escribe tú misma las direcciones web en el buscador, de manera que sepas que no estás siendo dirigida a una página web falsa. Una desventaja de dar a conocer tus compras más recientes en Facebook o Twitter, algo a lo que los comercios nos invitan a hacer cada vez más, es que facilita el que el atacante te envíe un correo haciendo un seguimiento a tu pedido y solicitando información extra. Si vemos un correo relacionado acerca de algo que acabamos de comprar, podemos convencernos más fácilmente de hacer clic en él.

4. Considera el plan a largo plazo para tus activos digitales. Como se menciona en el capítulo 6, quieres asegurarte de que tus cuentas en las redes sociales continúen protegidas después de tu muerte. Facebook te permite señalar a un contacto para asuntos patrimoniales, por ejemplo, alguien capaz de administrar o cerrar tu cuenta en tu nombre.

5. No aceptes como amigos a desconocidos. Algunos estafadores han hecho un negocio de hacerse pasar por «amigos», engañándote para que aceptes sus solicitudes de amistad y que, en consecuencia, compartamos información personal

sobre nosotras con perfectos desconocidos. Si tienes encuentros amorosos en la red, los riesgos son incluso mayores, porque los estafadores tienen como objetivo a los que buscan romance. De hecho, el FBI informa que en los últimos seis meses de 2014, los consumidores perdieron ochenta y dos millones de dólares en fraudes vinculados con romances. Antes de hacerte amigo de alguien en las redes sociales o Facebook, puedes llevar a cabo una búsqueda de imágenes para ayudarte a determinar si la persona es real o es un estafador usando una imagen robada. Otra señal de alerta obvia es cuando un «amigo» te pide dinero para ayudarle con una emergencia. El preocupante y popular fraude, a menudo conocido como el timo del «abuelo» —dado que muchos abuelos caen en él—, también es una estrategia común entre las estafas de índole romántica. Para evitar que los familiares caigan en este timo, adopta un código familiar de una palabra que nadie más conozca. Si alguien verdaderamente necesita dinero por una emergencia, deberá usar esa palabra clave para que la otra persona sepa que es real.

6. Limita las imágenes reveladoras. Si quieres compartir sonogramas, certificados de nacimiento, brazaletes de hospital u otra imagen que incluya nombres, direcciones e incluso números de seguro social, aprende a ocultar o hacer borrosos los detalles antes de publicarlos.

7. Revisa tus configuraciones de seguridad. Revisa periódicamente tus configuraciones, de manera que sepas quién puede ver tus mensajes y tus imágenes en tu Facebook y en otras redes sociales. Podrías querer considerar limitarlas solo a un número determinado de amigos, de manera que si otra amistad comparte la foto no sea visible a los desconocidos.

Las ramificaciones de nuestras cuentas en las redes sociales van mucho más allá del dinero. Las redes sociales definen nuestro legado, lo queramos o no. Familiares lejanos, tataranietos e incluso desconocidos podrían toparse con nuestras publicaciones en el futuro, considerando el poder que posiblemente alcanzarán las búsquedas en Internet. ¿Qué historia cuentan tus mensajes públicos? Una de mis estudiantes, cuya hermana falleció de manera inesperada en su mediana edad, encontró consuelo al ser capaz de conectarse en su cuenta de Pinterest para ver sobre qué libros y películas había publicado entradas. Dice que incluso le ayudó a sentir como si estuviera sosteniendo una conversación de nuevo con su hermana tras su muerte. La madre y escritora Lisa Bonchek Adams tuiteó su trayecto durante su cáncer de pecho en fase cuatro, creando una comunidad poderosa de mujeres que se movilizaron con ella hasta su muerte; sus cuentas continuaron existiendo como memoria. También tuiteó para comenzar un movimiento con el hashtag #mondaypleads, que usó para recordarles a las mujeres que tengan citas con el doctor y que las han ido aplazando. Su legado está literalmente salvando vidas.

Dado el poder y alcance de las redes sociales, trabajar en tus cuentas, especialmente en épocas de transición, como cuando tratas de revitalizar tu carrera o cambiarte a otra, pueden conducir a crisis existenciales. Antes de abrir tu Twitter o escribir tu primera misiva de 140 caracteres, tienes que decidir quién eres y quién quieres ser. ¿Vas a definirte por la carrera en la que te encuentras? ¿Cómo mamá? ¿Cómo la emprendedora que esperas ser pronto? La respuesta puede ser: las tres. Tu identidad puede estar transformándose tan rápidamente que tengas que actualizar tu descripción cada pocos meses, algo que yo misma hago y animo a mis estudiantes a hacer constantemente. Es un mantenimiento digital básico, que cada vez más entra en el territorio de la gestión financiera, ya que nuestras identidades digitales pueden tener un impacto muy grande sobre nuestras finanzas y nuestro poder adquisitivo.

Las cuentas de las redes sociales ofrecen la oportunidad de definirte a ti misma (y a tu vida), además de crear conexiones y oportunidades nuevas que no existían.

MAMÁ LISTA, MAMÁ RICA
PASOS A DAR

1. En los periodos de menor intensidad durante la paternidad, toma tiempo reflexionar acerca de lo que quieres para los próximos años, sobre todo conforme tus hijos se hacen más independientes. ¿Quieres embarcarte en una carrera distinta, hacerte voluntaria o redescubrir una antigua afición o pasión? Aunque te falten años para quedarte sola —lo que se conoce como «nido vacío»—, comienza a planear, preparar y ahorrar ahora para aprovechar las posibilidades nuevas.

2. Si tienes una pareja, pueden hablar acerca de lo que quiere hacer cada uno en el siguiente tercio de sus vidas. Asegúrate de que están en el mismo sentir y al tanto de las metas y sueños del otro, especialmente los que vayan a tener un gran impacto sobre las finanzas de ambos.

3. Compensa los errores monetarios del pasado ahorrando más dinero para la jubilación (maximiza tus contribuciones anuales) y paga cualquier deuda pendiente de las tarjetas de crédito.

4. Invierte en ti misma dando clases, obteniendo certificaciones nuevas, o hasta trabajando con un mentor laboral al mismo tiempo que planeas los siguientes pasos en tu vida y tu carrera.

5. Planea retrasar la hora de recibir el seguro social tanto como sea posible; si puedes esperar hasta que estés en edad de jubilación (por ejemplo, sesenta y seis años para aquellos nacidos entre 1943 y 1954; sesenta y siete para los nacidos en 1960 o después) o, mejor aún, esperar hasta los setenta años, tendrás una mayor paga después. La Administración del Seguro Social publica un folleto, «Lo que toda mujer debe saber», disponible en la red en ssa.gov. Explica las prestaciones del seguro social y las preocupaciones comunes de las mujeres, incluso cómo afecta el divorcio a esas prestaciones y cómo recibirlas en nombre de una persona mayor o discapacitada de la que estés cuidando.

6. Considera continuar trabajando a algún nivel, incluso después de la jubilación. Esta es una estrategia que también hará que sea más fácil retrasar el momento de recibir el seguro social. Convertir lo que antes era un negocio secundario en una empresa de consultoría u orientación, o la transición de una carrera a tiempo completo a una como consultor, puede retrasar la necesidad de recurrir a los ahorros para la jubilación y mejorar tu estilo de vida.

7. Desarrolla tu presencia digital y las cuentas en las redes sociales de forma que reflejen tus objetivos respecto a lo que quieres hacer después. Compra el dominio de la página web o blog que siempre quisiste lanzar. Asegúrate de que tu cuenta de LinkedIn esté llena de detalles acerca de tus trabajos actuales y pasados, y utiliza fotos en las que

tengas un aspecto profesional para proyectar quién quieres ser y quién eres. Si estás buscando empleo en estos momentos, observa cómo los líderes de tu sector se representan a sí mismos en LinkedIn y otras plataformas de las redes sociales y considera implementar algunas de las mejores prácticas en tus propias cuentas. De ese modo, cuando un representante de recursos humanos mire tu perfil, estarás un paso más cerca de conseguir el empleo.

8. Protege tu privacidad digital (y la de tus hijos). Los estafadores recurren a las plataformas sociales para buscar víctimas vulnerables con el objetivo de cometer fraude financiero, lo que puede acabar vaciando tu cuenta de ahorros. Asegúrate de que los detalles que pueden usarse para verificar tu identidad, como tu fecha de nacimiento, no son visibles a desconocidos, y nunca te hagas «amigo» en Facebook de alguien que no conoces. Revisa tu lista de amigos de Facebook al menos una vez al año para asegurarte de que conoces a todo el mundo. Evita publicar fotos cuando estés de vacaciones, ya que eso anuncia que tu casa está vacía en estos momentos. Revisa la privacidad de tu Facebook para buscar actualizaciones y asegurarte de que sabes qué estás compartiendo públicamente. No publiques detalles específicos sobre tus finanzas; incluso compartir que todavía no has presentado tus impuestos a medida que la fecha de la declaración de la renta se acerca puede desencadenar que un timador solicite una devolución fraudulenta en tu nombre.

10

DE REGRESO AL NIDO

A medida que tus hijos se hacen mayores y empiezan a forjar sus propias vidas, puede que te encuentres con que vuelven a casa por cierto tiempo. Es más, un informe elaborado por el Pew Research Center en 2015 constató que el 26% de las mileniales, definidas como aquellas con edades comprendidas entre los dieciocho y treinta y cuatro años, ahora viven con sus padres. Esta vuelta a casa puede suponer una ocasión maravillosa para todas las personas afectadas: los hijos tienen la oportunidad de vivir en una casa que normalmente es mejor, con diferencia, a cualquier lugar que puedan permitirse; los padres tienen la oportunidad de pasar tiempo con sus hijos cuando han superado, en mucho, la época de los pañales y las pataletas, y en esta ocasión hasta pueden ayudar con las tareas de la casa, la cocina y con algunos pagos. Incluso si tus hijos todavía dependen de que les empaquetes la comida cada día y la idea de emancipación todavía se sienta a años luz, saber lo que te espera puede ayudarte a prepararte para ello.

Hay muchísimas investigaciones que muestran que este periodo crítico de adulto joven no difiere mucho del cuarto trimestre de embarazo, cuando los bebés han salido de tu cuerpo, pero son incapaces de mantener sus cabezas erguidas o hacer algo por sí solos. Incluso después de que tu hijo sea independiente en el papel, todavía necesita tu guía, tu amparo y es probable que hasta tu comida. Si les ayudas, puedes ponerlos en una buena dirección para el resto de sus vidas.

Barbara Ray, coautora del libro de 2010 *Not Quite Adults* [No tan adultos], señala que las investigaciones sugieren una gran diferencia entre aquellos cuyos padres les ayudan en sus primeros pasos y aquellos a los que se les deja defenderse por sí solos. Puede que los adultos jóvenes que se ven forzados a aceptar el primer trabajo que se les ofrece «nunca lleguen a ponerse a la cabeza de verdad», dice. Por otra parte, la asistencia parental puede ofrecerles la libertad para encontrar el camino hacia una ruta productiva y financieramente segura. Sin embargo, ayudarles demasiado puede ser también un obstáculo para su independencia.

El truco para que ambos sobrevivan a este periodo con tus finanzas (y tu relación) todavía intactos es hablar con franqueza, planificar con antelación y asegurarse de que se beneficien mutuamente de la convivencia compartida. ¿Te acuerdas de Katy Hewson, la trabajadora social y mamá de dos chicos que presenté en el capítulo 3, que vivió con sus padres tras el nacimiento de su primer hijo? Un motivo por el que el arreglo funcionó bien y durante tanto tiempo (Katy y su familia todavía viven cerca de sus padres, aunque ya no compartan techo) es que sus padres también se beneficiaron, y no solo porque pudieron pasar tanto tiempo con sus nietos.

Cuando le pregunté a Cindy Smith, la mamá de Katy, cómo se sentía respecto a su arreglo de convivencia, me explicó que después de que Katy y su familia se mudaran a los suburbios, ella y su marido, Gary, decidieron vender su casa en Houston y mudarse a la misma comunidad que Katy, la que convenientemente también se encontraba al lado de su hijo y su familia. Cuando vivían más lejos «nos echaban mucho de menos», dice Cindy, incluyendo la ayuda para preparar las cenas y el cuidado de los bebés. Además, Cindy y Gary también extrañaban la cercanía, sobre todo con los más pequeños de la familia.

En su nuevo hogar en la misma comunidad que su hijo, su hija y sus familias, sus nietos pueden ir caminando a la escuela y disfrutar de los paseos junto al lago. «Es una situación ideal para nosotros», dice Cindy. Si sus hijos deciden mudarse de nuevo, probablemente ella y su marido les seguirán de cerca, dice. «Podemos seguirles a donde sea», cuenta. Entre tanto, ella y Gary están viajando por el mundo, en cruceros y haciendo voluntariado. «Nuestros años de jubilación son maravillosos», cuenta. Cuando le escribí un correo electrónico para una actualización final antes de la publicación de este libro, me respondió desde Australia, a donde ella y Gary se fueron de crucero. «Una jubilación bien planificada y un gran compañero son una fantástica bendición», escribió.

Aun cuando no estés tan cerca físicamente de tus hijos adultos como los Smiths, y solo estés ayudando con apoyo moral (o financiero) a la distancia, las conversaciones sobre dinero pueden ser valiosas para ambas partes. Carrie Schwab-Pomerantz, vicepresidente principal de Charles Schwab y autor de *The Charles Schwab Guide to Finances After Fifty* [Guía de finanzas de Charles Schwab para pasados los cincuenta], dice que apoyó a sus hijos de veintitantos años a organizar sus finanzas ayudándoles a crear sus cuentas 401(k). Ambos hijos viven en San Francisco, donde crecieron y donde Carrie y su marido todavía viven, y donde el costo de la vivienda es elevado. Después de que un hijo consiguiera un empleo, «hablé con él acerca de crear un presupuesto. Consideró lo que sabía que iba a ganar, menos los impuestos y los ahorros, y se dio cuenta de lo que podía permitirse en lo que respecta a un apartamento. Se aseguró de que ahorrara para su 401(k)», dice Carrie.

Las conversaciones sobre la jubilación no eran un concepto nuevo para ninguno de sus hijos (también tiene una hija, que asistía a la escuela secundaria cuando tuvimos nuestra conversación), pero aun así

Carrie pensó que valía la pena sentarse con ellos y repasar las prestaciones de sus empleos nuevos y ayudarles a elegir las inversiones para sus cuentas para la jubilación. Ese paquete de papeles del departamento de recursos humanos que recibes cuando empiezas un nuevo trabajo es abrumador, sobre todo cuando es el primero.

Muchas mamás con hijos mayores todavía se involucran íntimamente con sus hijos (conduciéndoles a la universidad, apoyándolos financieramente, haciendo un seguimiento a sus publicaciones en Facebook como fans alentadoras), pero también los empujan conscientemente a que se vayan del hogar de sus padres. Cuando hablan con ellos acerca de presupuestos y ahorros, les animan en su búsqueda de empleo y les brindan servicios de cocina o de cuidado infantil cuando suponga pasar tiempo juntos, también les están enviando amablemente a sus hijos el mensaje de que ya están preparados para valerse por sí mismos, especialmente cuando su mamá (y a menudo su papá) están cerca y dispuestos a echar una mano muy necesaria. También protegen sus finanzas durante esa fase extendida de «adolescencia»: de acuerdo a una encuesta sobre trastornos en finanzas elaborada en 2015 por TD Ameritrade, uno de cada cuatro adultos que confrontan un desequilibrio en sus ahorros a largo plazo y en sus planes de jubilación responsabiliza de ello a la carga que supone ayudar a otros.

CÓMO REDUCIR LA CARGA

Para ayudar a disminuir los costos diarios de vida, algunas personas optan por reducir sus «nidos vacíos» y deshacerse de muchas posesiones costosas que fueron testigo de sus primeros años como padres. Conforme entraba en sus cincuentas, Mary Cassaday, de Reston, Virginia, se cansó de mantener la gran casa familiar en la que ella y su marido,

Steve, criaron a sus hijos. Tenía una entrada larga que necesitaba de pala cada invierno para quitar la nieve y una piscina que requería de mantenimiento constante. «Estaba cansada de tener que cuidar de una casa tan grande», dice Mary. Vendieron su hogar de 8.000 metros cuadrados y se mudaron a una de menos de la mitad de su tamaño en las cercanías de Reston. Ahora puede pasar la mitad del año en Florida, tal y como le gusta, sin preocuparse por tener que buscar a alguien que cuide la casa. «Hay suficiente espacio para los niños, de manera que pueden venir a casa, recuperarse y seguir avanzando», dice. Mary y su marido no tienen que organizar, ni pagar por, todo el mantenimiento que necesita una casa más grande y además ganaron dinero deshaciéndose de gran parte del mobiliario a través de una compañía que gestiona ventas patrimoniales.

Otra mamá, Lynne Martin, tomó una decisión similar pero más extrema: después de que ella y su marido vendiesen su casa en California, se convirtieron en inquilinos en serie por todo el mundo, incluyendo Londres, París, Italia y Argentina. Ahora, durante el principio de sus sesentas, Lynne y su marido, Tim, todavía están disfrutando de lo que ellos llaman el estilo de vida «gitano». Viven con un presupuesto de 6.000 dólares al mes, generado por las inversiones, y también reciben el seguro social. Fue el ahorro al principio de sus vidas, cuando sus hijos todavía estaban en casa, lo que les ha permitido recorrer el camino de la vejez, dice Lynne. También compensan ciudades de alto costo con destinos más baratos para mantenerse dentro de su presupuesto. Y continúan trabajando en el camino como escritores. Documentaron sus aventuras en una memoria, *Home Sweet Anywhere* [Hogar dulce cualquier lugar], y publican actualizaciones en su blog, Homefreeadventures.com.

Incluso si planeas seguir cerca de tu casa y tu día de jubilado ideal incluye tu silla favorita, un libro y una taza de té, todavía puedes beneficiarte financieramente de deshacerte de juguetes, libros y ropas conforme tus hijos crecen. «Cuando constantemente simplificas tu casa y sigues un sistema, también tienes menos probabilidades de comprar cosas que no necesitas», dice Regina Leeds, organizadora experta y autora de *Rightsize... Right Now!* [Tamaño adecuado... ¡ya!]. Dedicar tiempo a tirar y destruir documentos que se acumulan de manera constante puede facilitar que estés al día con tu papeleo incluso antes de tus ajustes. También puedes decidir si estás preparada para desprenderte de mobiliario antiguo o artículos familiares que ya han servido su propósito. Puede que incluso hagas dinero vendiéndolos. (Si te metes en un sitio digital de ventas como Craiglist, asegúrate de quedar con tus compradores potenciales en un sitio público y teniendo siempre a alguien contigo cuando estos sean desconocidos).

Para protegerte de todos los desafíos relacionados con el envejecimiento de los padres de los que hablamos en el capítulo 7 —deterioro cognitivo, timadores, abuso financiero—, también debes asegurarte de que alguien en quien confíes sepa cómo gestionar tu dinero en caso de que necesites ayuda o estés incapacitado de manera temporal. Ese poder notarial puede ser archivado por un abogado, junto con tu testamento, apoderado legal para la atención médica y otros documentos de planificación patrimonial. Cuando somos padres jóvenes creamos esos documentos para proteger a nuestros hijos dependientes, pero somos nosotros los que nos volvemos más vulnerables con la edad.

Como con todas las transiciones, envejecer trae consigo decisiones y emociones complicadas, y a veces un profesional de las finanzas puede ofrecer una perspectiva externa e imparcial que puede ayudar. A menudo nos volvemos incluso más conservadores con nuestras inversiones cuando envejecemos, dudando a la hora de asumir riesgos que nos permitían anticiparnos a la inflación, especialmente si tenemos la suerte suficiente de llegar a los noventa.

PODERES MATRIARCALES

Es fácil echar extrañar ser joven. Yo lo siento con más intensidad cuando estoy atascada en el tráfico de vuelta del trabajo, dándome prisa para poder llegar a la salida del preescolar a tiempo de recoger a mis hijos, y echo un vistazo a los estudiantes universitarios, aparentemente sin preocupaciones, saliendo de una clase de yoga genial, cafés helados en mano. Parecen estar tan en forma, tan relajados, tan... jóvenes. En momentos de debilidad, los envidio.

Sin embargo, entonces recuerdo lo que la edad me ha aportado. El amor infinito por mis hijos. La seguridad de la familia. La habilidad de ganar una nómina mayor de la que recibía durante mi veintena. El conocerme a mí misma lo suficiente como para saber mis preferencias acerca de cómo gastar mi tiempo, mis dólares y mi energía, y la capacidad de decir «no» a las cosas que no compaginan con ello. Gasté un montón de dinero y de tiempo en mi veintena, comprando cosas que en realidad no significaban mucho para mí, yendo a fiestas a las que realmente no quería ir y pasando tiempo con gente que no me hacía feliz. Cuanto más mayor me hago, soy más consciente de lo corta que es la vida y valoro más mis propios recursos limitados. Tener más responsabilidades, en el trabajo y en casa, también me hace ser más selectiva en cuanto a cómo emplear esos recursos. (El programa televisivo *Younger*, protagonizado por Hilary Duff y Sutton Foster, explora esta dinámica de manera muy esclarecedora cuando el personaje de cuarenta años que interpreta Foster pretende estar en su veintena, descubriendo aspectos del estilo de vida hípster —como ser bohemia, ser una trabajadora sin experiencia y pasarse el tiempo haciendo entrenamiento tipo CrossFit para estar en buena forma física—, todos tan agotadores. A veces, ella solo quiere aceptar su edad y quedarse en casa viendo la serie televisiva *Downton Abbey* bajo una manta con un vaso de vino, lo que también me gusta).

Abrazar nuestras nuevas identidades como las matriarcas financieras de nuestras familias también ofrece posibilidades novedosas. Preparamos el escenario, definimos los términos, tanto de nuestras propias vidas como de las que nos rodean. Estudiar la manera en la que las mujeres mayores a las que admiras abrazan su edad y su sabiduría también puede ser una gran fuente de inspiración en cuanto a cómo queremos vivir, en un aspecto tanto financiero como de otro tipo, conforme nos vamos haciendo mayores. Las mujeres que tienen casi cincuenta años más que tú y que comparten similitudes contigo, como una profesión, pueden ser la mejor inspiración. Estúdialas, percátate de lo que admiras de ellas, y elige aspectos de sus vidas que quieras imitar, incluidas sus decisiones financieras.

Del mismo modo, seas consciente de ello o no, eres la profesora y modelo a seguir no solo por tus hijos, sino también por algunos miembros de tu comunidad más jóvenes y por cualquiera que te conozca. Los hijos son nuestros observadores más cercanos. Observan cómo respondemos a la decepción y a la frustración, y si estamos felices o altamente estresados cuando vamos a trabajar. Se dan cuenta si nos sale un lunar en el antebrazo.

Ese es el motivo por el que abuelas como Kitt Turner hablan con sus nietos sobre dinero e invertir, y muestran cómo seguir una vida con significado y placer al mismo tiempo que viven dentro de sus posibilidades. Saber que nosotros somos el ejemplo que nuestros hijos y nietos van a utilizar para dar forma a sus vidas sube los estándares, y hace que sea aún más importante cuidar de nosotras mismas, de la manera en la que esperemos que ellos cuiden de sí mismos un día. Estamos estableciendo patrones que podrían durar generaciones.

Una vez, antes de convertirme en mamá, pero después de haberme casado, le pregunté a mi madre si en algún momento se sentía triste al dejar las actividades vitales en el pasado: encontrar a una pareja para la vida, criar a sus hijos, verles graduarse. ¿No era un poco deprimente que esas cosas se hubieran terminado, que no volviera a vivirlas de nuevo? Me sonrió y dijo: «Solo estoy agradecida por haberlas vivido». En vez de sentirse apenada porque hubiera pasado el tiempo, estaba feliz y agradecida porque todos estuviéramos listos para llegar a las siguientes etapas. Eso es algo que me enseñó: la gratitud por estar presente, por llegar tan lejos.

Envejecer, sobre todo cuando tus hijos han pasado la época en la que necesitan cuidados constantes, ofrece la oportunidad de ser egoísta de nuevo. De algún modo, es como volver a tener veintitantos, pero esta vez sabes qué hacer con toda esa libertad.

MAMÁ LISTA, MAMÁ RICA
PASOS A DAR

1. Planifica un futuro en el que tus hijos adultos y tú puedan ayudarse mutuamente en lo relativo a cuestiones financieras. Quizás puedas ayudarles a entender su primer presupuesto y a abrir su primera cuenta 401(k). Hacer que tus hijos se independicen en un camino seguro también hará menos probable el que continúen pidiéndote dinero cuando tengan treinta años (o más).

2. A medida que planifiques y concibas tus años de jubilación, considera nuevas formas de vida y sus ramificaciones financieras, incluyendo desprenderte de ciertas cosas, mudarte

o viajar. Reduce tu papeleo y tu desorden de manera constante, de forma que, si decides deshacerte de algunas cosas en el futuro, la tarea sea más sencilla.

3. Acepta tu papel como matriarca. Los miembros más jóvenes de la familia recurrirán a ti cada vez más para tener instrucción financiera y liderazgo; además, puedes buscar inspiración y apoyo en las mujeres mayores a las que admires.

EPÍLOGO

MÁS QUE DINERO

Un domingo por la noche, mi marido y yo hablábamos sobre la logística de la semana siguiente mientras comíamos unas hamburguesas. Tenía que dar una clase el martes por la tarde, así que le pregunté si podía recoger a nuestros dos hijos en la escuela preescolar, lo que normalmente es mi responsabilidad.

—Puedo hacerlo, aunque puede resultarme difícil salir antes —dijo pareciendo estresado. Puesto que normalmente tiene reuniones que se extienden hasta primera hora de la tarde, mi solicitud requeriría que eludiese una de esas reuniones.

Cuando iba a agradecérselo y a empezar a hablar de temas que produjesen menos ansiedad, nuestra hija de cinco años saltó:

—Tenemos que trabajar y hacer dinero —nos dijo. Le encanta resolver conflictos y a menudo se mete para ayudarnos, ya sea sobre cómo llenar la lavadora de platos o cómo hacer ajustes en los horarios.

—¡Gracias! —dije, pensando que hablaba de la necesidad de llegar a la clase que tenía que enseñar a tiempo—. Tienes razón, mamá tiene que trabajar y hacer dinero.

—No, no, no —dijo. Eso no era lo que quería decir en absoluto—. ¡Papá tiene que trabajar! ¡Tú eres la que tiene que recogernos!

Tanto trabajo dedicado a mi objetivo de intentar explicarles que tanto las mamás como los papás trabajan para mantener a las familias, pensé. ¿Quiere decir que solo importa el trabajo de papá?

Traté de explicarle que mamá también hace dinero y que el dinero ayuda a pagar por las cosas que tenemos y queremos, como comida, vivienda y sus clases de danza. Me respondió que papá ganaba el dinero para eso. Continuamos discutiendo sobre igualdad de género por un periodo breve de tiempo antes de que alguien quisiera más salsa de tomate y hasta una camiseta nueva. Pero después continué pensando: ¿tiene mi hija unas ideas tan tradicionales? Si es así, ¿de dónde las ha sacado? Y ¿cómo puedo hacer que cambie, de modo que sepa que su futura carrera, sus sueños y sus ganancias son tan importantes como las de su hermano?

Para intentar responder esas preguntas, recurrí al pasado, a los ejemplares sensacionalistas y roídos de la revista *U.S. News & World Report.* Pensé que los artículos sobre finanzas personales, especialmente aquellos sobre mujeres escritos en la década de los cincuenta y los sesenta, visibilizarían nuestras ideas anticuadas y, esperaba, mostrarían todo lo que hemos avanzado desde días más tradicionales, cuando los maridos eran la única fuente de ingresos, al menos en los hogares de clase media. Esperaba que a partir de ahí pudiéramos tomar una dirección acerca de lo que todavía teníamos que hacer para crear una cultura en la que los chicos y las chicas vean a sus padres como iguales en términos financieros.

Sumergiéndome en los archivos de *U.S. News,* descubrí el ejemplar del 16 de mayo de 1958, con una historia titular que lucía sorprendentemente moderna: «Lo que toda mujer debe saber sobre dinero». El centro de la portada verde y blanco con caracteres de imprenta amarillos y en negritas podría aparecer en cualquier revista de mujeres hoy y, de hecho, lo hace. Una búsqueda en la web de ese titular trae docenas de artículos publicados durante los últimos años.

El artículo en sí, con unas excepciones notables, parece destacablemente similar al tipo de los que casi siempre escribimos en la actualidad. Los maridos y las mujeres deben hablar de sus finanzas, aconseja el artículo, y asegurarse de que ambas partes tienen testamentos y están familiarizadas con los activos de la casa y los presupuestos. De hecho, hace no mucho escribí un artículo con consejos muy similares para nuestra página web. Con algunos ajustes lingüísticos, prácticamente podría haber copiado y pegado ese artículo de 1958. (Sin embargo, la publicidad tiene un aspecto definitivamente antiguo, «el primer avión a propulsión», teléfonos y unidades de aire acondicionado llenan las páginas. Una historia sobre precios también revelaba la década: la visita de un doctor a casa cuesta un poco más de cuatro dólares en Filadelfia, de acuerdo con el gráfico, mientras que un corte de pelo masculino ronda el dólar y medio).

Un par de páginas después, el número muestra a una importante corredora de bolsa mujer a la que solo se la identifica por el nombre de su último marido: «Señora Charles U. Bay». *U.S. News* le pregunta si piensa que la mujer promedio está preparada para gestionar las finanzas familiares en caso de emergencia. «No, no creo que lo esté. Particularmente, este es el caso de mujeres de mi generación, tengo cincuenta y siete años. La esposa más joven que viene detrás está mucho mejor capacitada que una esposa de mediana edad a la que se ha protegido más. Diría que la gente joven de hoy está mucho más viva y tienen más conocimientos. No han recibido todos los cuidados y protección que tuvo mi generación, pero saben más de qué trata todo».

Esas «mujeres jóvenes» de 1958 son las abuelas de hoy. A menudo escucho hacer observaciones similares a las mujeres de esa generación: puede que ellas no se sientan completamente cómodas ganando e invirtiendo dinero, pero creen y esperan que las generaciones más jóvenes lo estén. ¿Las mujeres jóvenes de hoy (la generación de mi hija) crecerán para decir lo mismo? ¿O podemos ayudarlas a aceptar un panorama más equitativo?

Estamos luchando contra algunos factores poderosos: roles tradicionales de género, intereses de la industria otorgados a clientes masculinos y la escasez de mujeres en la industria de las finanzas. Pero esos tres factores están cambiando mientras hablamos. Cada vez más las mujeres son el sustento económico principal y están encargadas de las finanzas familiares; las compañías financieras están nutriendo sus filas de clientes mujeres y hay más mujeres liderando la industria.

Como mamás, hay varios pasos que podemos seguir para ayudar a nuestros hijos e hijas a construir sus futuros financieros: podemos hablar con ellos, especialmente con nuestras hijas, sobre dinero. Diles lo que te gustaría que tu yo de veinticinco años supiera. (Cuando Allianz les preguntó a las mujeres qué consejo financiero darían a sus hijas y a sus nietas, la respuesta más común fue: «No dependas de otros en cuanto a tu seguridad financiera»). Podemos mostrarles a nuestros hijos que gestionar el dinero es una habilidad esencial en la vida, al mismo tiempo que la modelamos para ellos. Podemos seguir ganando dinero, incluso a un menor nivel, cuando criamos a nuestros hijos. Aun la tradicional señora Charles U. Bay citó en el artículo de 1958 de *U.S. News & World Report* que las mujeres, como mínimo, debían estar preparadas para trabajar porque podrían tener que hacerlo en algún momento. Podemos utilizar herramientas financieras como documentos de planificación patrimonial y seguros de vida para protegernos de manera que, si nuestras parejas tienen un percance, aunque sea temporal, nuestras finanzas se mantengan intactas para nuestros hijos.

También podemos permitir que nuestros hijos nos inspiren y promuevan nuestro compromiso con nuestra propia seguridad financiera. Nunca me he sentido tan ambiciosa como cuando me convertí en mamá. De repente, ya no trabajaba tan duro para mí misma. Todo era para ser capaz de proveer para esos nuevos amores de mi vida.

Aunque han cambiado tantas cosas en el mundo desde el artículo de 1958, la manera en la que hablamos de dinero no se ha puesto al día. Con demasiada frecuencia se reduce a las mujeres a compradoras e inversoras de segunda clase cuando, en realidad, dirigimos los cimientos del bienestar financiero de nuestra familia. Tantas cosas dependen de nuestras decisiones, incluyendo el futuro de nuestros hijos.

Ser una mamá lista también se refiere mucho más que a dinero: se trata de enseñar a nuestros hijos a perseguir sus sueños porque ven cómo nosotros perseguimos los nuestros, y sobre cómo tomar decisiones diarias que den prioridad a la satisfacción y la felicidad. Me siento rica cuando tengo flexibilidad para salir del trabajo antes para ver una actuación del colegio o quedarme en casa cuando mi hijo está enfermo. Cuando paso una tarde lluviosa viendo una película con mis hijos bajo una manta mientras los panecillos se calientan en el horno. Cuando puedo tomar la mitad del día libre para hacer voluntariado con la clase de preescolar de mi hija sin preocuparme por el impacto negativo que tendrá en mi trabajo.

Como una de mis alumnas señalara recientemente cuando les conté los comentarios de mi hija sobre el horario de las recogidas, podría ser que no creyese realmente que el dinero que proviene del trabajo de su papá prevalezca sobre el de su mamá. Solo estaba preocupada porque su rutina habitual, que incluye el que yo la recogiera del colegio, se viese alterada. Solo quiere saber que alguien que la quiere estará allí con ella, que es lo más importante que los padres pueden dar. Probablemente no le importe quién pone el dinero en la cuenta bancaria. Pero es seguro que le interesa, aunque no se percate, que haya suficiente dinero para pagar su comida, su vivienda, sus ropas y sus actividades. Y esa responsabilidad cada vez más recae sobre las mamás.

Ese es el motivo por el que esas conversaciones son importantes, la seguridad financiera de nuestros hijos depende de las decisiones que tomemos hoy.

MAMÁ LISTA
MAMÁ RICA
MANUAL

Las siguientes plantillas, hojas de verificación y listas de tareas se han diseñado para ayudarte a implementar las ideas discutidas en el libro. El manual presenta las siguientes herramientas:

Objetivos económicos de la familia

Resumen financiero

Planificador de presupuesto

Control del monedero. Qué preguntarte antes de comprar

«Querida hija...». Comparte tus lecciones económicas

Qué preguntarles a tus padres

Preguntas financieras para que los niños les hagan a los abuelos

Aspectos a comprobar acerca de tu patrimonio ¿Estás preparada?

Calendario de *Mamá lista, mamá rica*. Un plan de nueve meses para lograrlo

Preguntas del grupo de discusión de las mamás

• OBJETIVOS ECONÓMICOS DE LA FAMILIA •

La familia entera puede ayudar a escribir toda la información de esta ficha, que se ha diseñado para generar una conversación sobre objetivos, prioridades y pasos a seguir.

¿En qué modo definimos, como familia, la seguridad financiera?

_____
_____
_____
_____

Grandes sueños familiares (ejemplo: vacaciones, pagar la universidad, jubilarse a los cincuenta años):

En el próximo año, nos gustaría:

_____
_____
_____
_____

En los próximos cinco años, nos gustaría:

_____
_____
_____
_____

En los próximos diez años y más allá, nos gustaría:

_____
_____
_____
_____

Metas individuales de los miembros de la familia:

¿En qué podemos gastar menos hoy que nos ayude a alcanzar esas grandes metas? ¿En qué áreas sentimos que estamos malgastando dinero? ¿Cómo puede contribuir cada miembro de la familia (ejemplo: apagando las luces para ahorrar electricidad, cocinar una cena familiar)?

_____

_____

_____

_____

¿Qué tipo de gasto nos da la mayor satisfacción como familia? Si de repente tuviéramos 1.000 dólares extra, ¿cómo los emplearíamos?

_____

_____

_____

_____

Como familia, ¿en qué forma disfrutamos retribuyendo a la comunidad?

_____

_____

_____

_____

• RESUMEN FINANCIERO •

	NOMBRE DE LA CUENTA	RECORDATORIO DE LA CONTRASEÑA	CANTIDAD
CUENTAS DE INVERSIÓN QUE NO SE DESTINAN A LA JUBILACIÓN:			
Cuenta corriente			
Cuenta de ahorros			
Cuenta de inversiones			
Otras cuentas			
CUENTA PARA LA JUBILACIÓN:			
Cuenta 401(k) 1			
Cuenta 401(k) 2			
Cuenta 401(k) 3			
Cuenta IRA			
Otras cuentas para la jubilación			
ACTIVOS FÍSICOS:			
Valor estimado del hogar			
Automóvil			
PRÉSTAMOS Y DEUDA:			
Hipoteca			
Deuda estudiantil			
Tarjetas de crédito			
Otros préstamos			
CUENTAS DE LOS SEGUROS:			
Salud			
Vida			
Otras			
Patrimonio neto actual (sustraído de obligaciones derivadas de los activos):			

• PLANIFICADOR DE PRESUPUESTO •

INGRESO NETO MENSUAL DE LA CASA O FAMILIAR (TRAS LOS IMPUESTOS):	
MENOS LOS AHORROS PARA LA JUBILACIÓN:	
SUSTRAER LOS GASTOS MENSUALES:	
Vivienda	
Comida	
Transporte	
Cuidado infantil	
Servicios	
Salud	
Otros	
SUSTRAER GASTOS MÁS FLEXIBLES:	
Entretenimiento	
Actividades de los niños	
Comer fuera	
Gastos profesionales	
Cuidado personal	
AHORROS MENSUALES:	

• CONTROL DEL MONEDERO •
QUÉ PREGUNTARTE ANTES DE COMPRAR

El concepto de preguntarte a ti misma una serie de cuestiones antes de comprar, lo que se conoce como «monedero amigo», se ha desarrollado en organizaciones como el Center for a New American Dream [Centro para un nuevo sueño americano] y Jews United for Justice [Unión de judíos por la justicia]. A continuación, personalizo el concepto para las mamás. Puedes descargar una versión ilustrada del tamaño de un monedero en mi página web, kimberly-palmer.com, para guardarlo en tu monedero como recordatorio la próxima vez que saques tu tarjeta de crédito.

1. ¿Me facilitará la vida de algún modo este producto o servicio, o se convertirá en algo que consuma mi tiempo y mi energía?

2. ¿Lo seguiré usando en un año?

3. ¿Me lo llevaría conmigo si me mudara a una vivienda distinta? ¿Lo echaría de menos si no lo tuviera?

4. ¿Contribuirá esta compra a mis objetivos a largo plazo? ¿Creará una experiencia familiar con significado?

5. ¿Hay costos actuales mensuales o anuales asociados a esta compra, incluido mi tiempo?

6. ¿Refleja este producto o servicio, y la forma en la que se crea, los valores familiares?

• "QUERIDA HIJA..." •
COMPARTE TUS LECCIONES ECONÓMICAS

Qué mejor manera de impartir a tus hijos las lecciones sobre finanzas que te costó tanto aprender que escribiéndoles una carta. Cualquiera que sea el número de veces que les hayas enseñado cómo comparar precios en el supermercado o animado a ahorrar dinero para los tiempos difíciles, plasmar tus pensamientos en una carta les permite recurrir a tu sentido común siempre que quieran. Aquí hay una plantilla que puedes adaptar a tu familia.

Querido _____:

Te escribo esta carta hoy para compartir mis lecciones financieras contigo; las que te enseñé cuando eras niño, pero que pueden ser difíciles de concretar. Espero que lo encuentres útil, sobre todo cuando te muevas por los cambios económicos que inevitablemente confrontarás en tu vida. Permíteme comenzar contándote un desafío financiero que atravesé.

Una de las mejores decisiones económicas que tomé, que continúa contribuyendo a la seguridad financiera de la familia hasta hoy, fue:

_____

_____

_____

_____

_____

Nuestras decisiones han ayudado a que nuestra familia consiga

_____

y pague por _____

_____.

Te animo a que desarrolles los siguientes hábitos financieros a medida que te hagas mayor:

1. _____

2. _____

3. _____

4. _____

5. _____

Espero poder ayudarte a atravesar tus complicaciones financieras y verte encontrar tu equilibrio financiero. Ojalá te ayude.

Te quiere,

Mamá

• QUÉ PREGUNTARLES A TUS PADRES •

Hablar de dinero con tus padres puede dar lugar a algunas conversaciones molestas. Pero es importante que las tengas, tanto para tu propia seguridad financiera como para la de ellos, y solo se vuelven más difíciles con el tiempo si pospones su realización. Estos son algunos temas que deberías considerar discutir:

1. ¿Han ahorrado suficiente dinero para mantenerse durante la jubilación? (No necesitas conocer todos los detalles; solo que hayan planificado con suficiente antelación como para ser solventes conforme se hacen mayores).
2. Si no pueden vivir solos, ¿prefieren seguir viviendo en casa con ayuda, en un centro de ancianos o con alguno de sus hijos?
3. ¿Dónde puedo encontrar información sobre sus cuentas financieras, pólizas de seguros, planes de herencia y de contacto de algún profesional de las finanzas relevante? (Igualmente, asegúrate de que sabes cómo cerrar o administrar las cuentas en las redes sociales de tus padres, si necesitan que lo hagas).
4. ¿Quieren que su dinero se administre cuando ya no puedan hacerlo solos? (Podría ser que tus padres quieran que tú, una hermana o un profesional de las finanzas se encargue de eso. Si la tarea recae sobre ti, entonces querrás leer las guías gratuitas *Managing Someone Else's Money* [Administrar el dinero de otro] en la página web de la Oficina para la Protección Financiera del Consumidor: cfpb.gov.).
5. ¿Cuál es la mejor manera de ayudarlos? (A menudo, conforme se hacen mayores, los padres temen perder el control y quieres reasegurarles que estás dispuesto a ayudarles, no para controlarlos. Todavía controlan su dinero).

• PREGUNTAS FINANCIERAS PARA QUE LOS NIÑOS LES HAGAN A LOS ABUELOS •

No tienes que hacer todo el trabajo. Los abuelos y otros familiares también juegan un papel importante en la manera en la que los niños piensan acerca del dinero. Anima a tus hijos a hacerles este tipo de preguntas a los adultos mayores de su familia, adaptándolas a sus edades:

1. ¿Tenías dinero para gastar cuando estabas creciendo y, en caso de que así fuera, en qué te lo gastabas?
2. ¿Cuál fue tu primer trabajo?
3. ¿Cuál fue el principal desafío financiero que confrontaste en tu vida?
4. ¿Cuándo recuerdas que te sentiste más rico?
5. ¿Cuándo te sentiste más pobre?
6. ¿Cuál ha sido la mejor compra que has hecho en tu vida?
7. ¿Cómo aprendiste sobre dinero cuando eras niño?
8. ¿Qué recuerdas que les pidieras a tus padres que te compraran cuando estabas creciendo?
9. ¿Cuál es el mayor error que has cometido con el dinero?
10. ¿Qué te hubiera gustado saber sobre dinero cuando eras un adulto joven?
11. ¿Cómo intentaste enseñar a tus hijos sobre dinero?
12. ¿Cuáles son tus hábitos frugales favoritos que te ayudan a ahorrar?

• ASPECTOS A COMPROBAR ACERCA DE TU PATRIMONIO ¿ESTÁS PREPARADA? •

Nadie quiere pensar en la vida cuando ya no estemos, y las mamás menos aún; pero hay varias cosas que abordar antes de que el pensamiento desaparezca de tu cabeza.

❑ ¿Has escrito un testamento que especifique tus preferencias para la custodia de tus hijos, así como la manera en la que quieres que tus activos se distribuyan? Otros documentos financieros incluyen el poder notarial financiero, el poder legal para la atención médica (de manera que otra persona, como tu pareja, pueda tomar decisiones sobre salud importantes para ti) y un repaso de tu documentación financiera, junto con cualquier información de contacto relevante (como un abogado o asesor financiero). Si has atravesado algunos cambios significativos en tu vida desde la última vez que escribiste tu testamento, incluyendo tener más hijos, divorciarte o casarte o adquirir activos significativos, querrás actualizarlo.

❑ ¿Tienes seguro de vida? Podrías tener acceso a una póliza de seguro de vida a través del trabajo, que puede suplementarse en el mercado privado para alcanzar el nivel de cobertura que desees. Querrás considerar cuánto dinero se necesitaría para reemplazar los ingresos que generan tú y tu pareja junto con los gastos que quieres que el dinero cubra. Podría ser que un padre superviviente también quiera recortar las horas de trabajo para quedarse en casa con los hijos, y el seguro de vida también puede ayudarte a financiar esa opción.

❑ ¿Está actualizada la información de tu beneficiario? En tus cuentas para la jubilación y otras cuentas financieras, tienes la opción de seleccionar un beneficiario. Asegúrate de que actualizas esta información, sobre todo si te has casado o divorciado recientemente.

❏ ¿Tienes seguro por discapacidad? Si hay seguro de discapacidad grupal disponible en tu trabajo o a través de asociaciones profesionales, suele ser un gran trato del que querrás aprovecharte en caso de que tengas que estar temporalmente fuera de la fuerza laboral por una lesión o enfermedad. (También puedes comprobar el estatus del seguro por discapacidad de tu pareja, y considerar comprarlo para ambos si está disponible a través de los planes de tu trabajo).

❏ ¿Están preparados tus activos digitales? Facebook ofrece la opción de señalar a alguien para que administre tu cuenta en caso de tu fallecimiento; otras herramientas de las redes sociales te permiten seleccionar la configuración de tu privacidad y tu seguridad que influirá sobre cómo se gestionan o eliminan tus cuentas tras tu muerte.

❏ ¿Se encuentran todos tus documentos importantes, incluyendo testamentos, resumen de cuentas financieras, número de seguro social y contraseñas de Internet en un lugar accesible para los que las necesiten en caso de que estés incapacitado?

• CALENDARIO DE MAMÁ LISTA, MAMÁ RICA •
UN PLAN DE NUEVE MESES PARA LOGRARLO

Si tu lista de tareas a llevar a cabo parece abrumadora, el enfoque más simple es dividirla en pasos más pequeños, de manera que puedas abordar un buen número de ellas cada mes y que para el final del año sientas que controlas más tu dinero. A continuación, una guía mes por mes para completar los elementos planteados en el libro:

MES 1

❑ Conviértete en una compradora más inteligente utilizando aplicaciones de comparación de precios y de cupones como RedLaser, RetailMeNot y PriceGrabber. Antes de realizar una compra en Internet, realiza una búsqueda en la web del nombre del comercio y la palabra «cupón» y considera utilizar complementos del buscador como PriceBlink o InvisibleHand de manera que obtengas la mejor oferta.

❑ Intenta darles un objetivo nuevo o reutilizar artículos incluso después de que se pasen de moda. Intenta adoptar por la casa un enfoque a lo hazlo tú mismo para reparaciones sencillas antes de llamar a los profesionales.

❑ Revisa el extracto de tus tarjetas de crédito detalladamente cada mes y comprueba los cobros que no reconozcas; pueden ser el primer signo de fraude o robo de identidad.

❑ Revisa el rendimiento que recibes actualmente de tus cuentas de ahorros. Ten ahorros a corto plazo en cuentas bancarias protegidas por el FDIC y mueve los ahorros a largo plazo que no vayas a necesitar en, como mínimo, los próximos cinco años a fondos del mercado monetario y otros fondos relativamente conservadores que pagan una tasa de interés más alta que el predominante en las cuentas bancarias. Los fondos con fecha límite moverán automáticamente el dinero a valores más conservadores a medida que se acerca el momento en el que necesites los fondos.

❑ Obtén tu informe crediticio en AnnualCreditReport.com y revísalo para ver si hay errores. Si encuentras alguno, contacta con la oficina de créditos para eliminar la información errónea. Mejora tu calificación crediticia con el tiempo pagando tus facturas de manera puntual.

MES 2

❑ Revisa tus patrones de gasto actuales y tu promedio de ahorro. Una herramienta digital gratuita como Mint.com puede ayudarte a identificar aspectos en los que gastas de más. Para coordinar el consumo con una pareja, considera aplicaciones como HomeBudget, que sincroniza automáticamente ambos teléfonos.

❑ Identifica tus objetivos de ahorro a corto y largo plazo; escríbelos en algún lado, en un calendario de planificación, donde se recuerden semanalmente.

❑ Reflexiona acerca de la señora mayor en la que quieres convertirte. Para conectarte con ella, envejece tu cara usando una aplicación o página web envejecedora para ver el futuro, tu yo mayor; llama a alguna persona mayor de tu familia como tu abuela; o escribe una carta a tu yo actual desde tu yo del fututo.

❑ Destina tiempo a revisar tus cuentas financieras actuales y a organizar todo el papeleo. Anota las actualizaciones que necesites hacer o el papeleo que tengas que archivar. Repite este proceso cada tres meses.

MES 3

❑ Considera de cerca todos los gastos infantiles, incluidos guardería, educación, actividades, comida e indumentaria.

Considera si hay maneras de recortar los costos intercambiando artículos de segunda mano o cocinando más comidas en casa.

❑ Elige las partes más flexibles de tu presupuesto para reducir, como entretenimiento o ropa, y redirige el dinero a la cuenta de ahorros.

MES 4

❑ Evalúa la satisfacción que te produce tu carrera profesional y tu poder adquisitivo en la actualidad. ¿Existen maneras de hacer crecer tus ingresos sin sacrificar tiempo con tu familia? Quizás podrías considerar buscar más responsabilidad en el trabajo junto con opciones de teletrabajo, o lanzar algún tipo de negocio secundario en el que puedas trabajar desde casa.

❑ Si en estos momentos te estás tomando un descanso de la fuerza laboral para cuidar de tus hijos, busca formas de continuar contribuyendo en tu sector o de mantener tus habilidades al día. Involucrarte con una organización profesional, bloguear con tu perfil de LinkedIn o asistir a eventos para hacer conexiones son algunas posibilidades.

❑ Revisa la documentación fiscal del año pasado para asegurarte de que estás maximizando todos los beneficios fiscales derivados de la paternidad, incluyendo el crédito por cuidado de hijos y personas dependientes. Del mismo modo, continúa contribuyendo a tus fondos para la jubilación a través de un IRA incluso durante descansos de la fuerza laboral.

MES 5

❑ Aumenta tu comodidad invirtiendo leyendo páginas web como MarketWatch y Kiplinger. Si quieres evitar la carga de tener que actualizar tus decisiones inversoras, considera un fondo con fecha límite, que hará ese trabajo por ti.

❑ Revisa tus inversiones actuales y reequilíbralas para alcanzar tu nivel deseado de riesgo. Revísalas una vez al año como mínimo, y trabaja con un asesor financiero que solo se base en honorarios, si quieres ayuda personalizada. Muchos proveedores de cuentas para la jubilación ofrecen consultoría gratuita para tus inversiones de la jubilación; comprueba el proveedor de la cuenta para la jubilación de tu trabajo para ver si es una opción para ti.

❑ Habla con tu pareja para asegurarte de que siguen la misma línea en términos de inversiones a corto y largo plazo, y que ambos saben dónde está el dinero y como se está administrando.

❑ Usa una calculadora digital para estimar tu jubilación (una búsqueda rápida en Internet arrojará un puñado, incluidas las que se encuentran en Bankrate.com) para comprobar que todo va según lo planeado para lograr los objetivos de ahorro a tu promedio actual de retirar dinero para ello. Haz los ajustes necesarios incrementando las contribuciones automáticas a tus cuentas.

❑ Abre una cuenta de ahorros universitarios 529 para tus hijos y planea meter dinero de manera periódica cada año.

MES 6

❑ Organiza todo el papeleo de tu casa, incluyendo la documentación de los planes de herencia, recibos importantes, documentos relacionados con la hipoteca y papeleo familiar como certificados de nacimiento y matrimonio. Guarda esos documentos en un contenedor a prueba de fuego al que puedas acceder fácilmente cuando lo necesites. Un sistema de almacenamiento digital como File-This puede facilitar que te mantengas al corriente del papeleo entrante.

❏ Revisa tus cuentas en las redes sociales para asegurarte de que no estás compartiendo detalles de más que pudieran ser usados para que los ladrones accedan a tus cuentas. Eso incluye fechas de nacimiento, nombres de la familia como el apellido de tu madre e incluso tu aniversario de boda. Al menos una vez al año, revisa la configuración de tu privacidad en Facebook y otras cuentas en las redes sociales porque se actualizan de manera constante y la configuración automática podría compartir más información con desconocidos de lo que pretendes.

❏ Pregúntate a ti misma si estás preparada financieramente para administrar dinero por tu cuenta, en caso de que lo necesitaras. Si no, prepárate para hablar más con tu pareja acerca de sus finanzas y asegurarte de que estás familiarizada con tus cuentas y tu estrategia financiera.

MES 7

❏ Habla con tus padres sobre sus planes y preferencias para cuando se hagan mayores. ¿Cuál es la mejor manera de ayudarles a prepararse para cualquier dificultad que surja conforme envejezcan? ¿Está su papeleo en orden y sabes dónde encontrar documentos importantes en caso de que lo necesites, como sus preferencias en cuestiones de salud? Planea una conversación en profundidad con tus padres para estar preparada en caso de que los afecte una crisis de salud.

❏ Involucra a todos los hermanos en una discusión acerca de cómo gestionar los cuidados que tus padres necesiten conforme envejezcan. Si están compartiendo tareas, busca formas de equilibrar la responsabilidad de manera equitativa.

❏ Si estás preocupada por el declive cognitivo de padres mayores o el riesgo de que cometan errores financieros (o se conviertan en víctimas de fraude), verifica con el banco de tus padres la posibilidad de hacer un control de sus cuentas, de manera que, por ejemplo, se te notifique cuando haya retiros grandes.

MES 8

❑ Reflexiona acerca de los hábitos financieros que les estás mostrando a tus hijos actualmente. ¿Te ven tomando alguna decisión sobre gastos y existen formas en las que puedas involucrarles más en el proceso, como comparar antes de comprar? ¿Pueden verte cuando pagas las facturas de la casa? ¿Puede surgir de manera natural una conversación sobre valores y prioridades familiares durante la cena, cuando discutan los planes para las vacaciones?

❑ Anima a tus hijos a que les pregunten a tus padres acerca de sus propias experiencias financieras cuando crecían. ¿Vivieron tus padres situaciones difíciles que puedan compartir? Al contar esa información están ayudando a transmitir la historia familiar y ayudando a que tus hijos aprendan el valor del dólar.

❑ Crea un sistema de distribución de la mesada para los niños que funcione con tu familia basado en la edad de tus hijos y los tipos de gastos que quieres que gestionen. A partir de los cinco años, están preparados para ahorrar dinero para las compras que deseen.

MES 9

❑ Desarrolla tus grandes sueños a medida que tus hijos se hagan cada vez más independientes. ¿Quieres abrir un negocio? Considera comprar el dominio y comenzar ya. ¿Quieres cambiar de carrera, actualizar tus habilidades con una carrera nueva o una certificación, o renovar tu presencia digital para acceder a una nueva comunidad? Invierte en ti misma.

❑ Conforme tus hijos crezcan, anímales a ser más independientes financieramente. Ayúdales a establecer su primer
presupuesto y a abrir una cuenta para la jubilación cuando
comiencen en su primer empleo. De ese modo, también les
estás ayudando a determinar sus vidas adultas.

• PREGUNTAS DEL GRUPO DE DISCUSIÓN DE LAS MAMÁS •

Estas preguntas se han diseñado para iniciar conversaciones de grupos de mamás, incluyendo clubes de lectura, días de juegos entre hijos y café entre amigas. Hablar de dinero con las amigas puede ser raro, sí, pero también puede dar lugar a conversaciones de apoyo y, en última instancia, a mejores decisiones monetarias. Estas preguntas te ayudan a explorar algunos de los conceptos del libro (identificados por capítulos) con el objetivo de minimizar cualquier incomodidad y maximizar los beneficios. (Puedes obtener una versión descargable para tu grupo en kimberly-palmer.com).

1. En la introducción, aprendimos acerca de la disparidad en la educación financiera incluso entre niños y niñas pequeños. ¿Lo han notado con sus hijos o sus amigos, o cuando crecían? ¿Cuál creen que es la explicación y qué puede hacerse para mitigarlo? ¿Qué quieren que sepan sus hijos sobre dinero a medida que se hagan mayores y cómo planean enseñárselo?

2. ¿Cómo caracterizarían las interacciones que han tenido con la industria financiera, ya sea adquiriendo un seguro, trabajando con un asesor financiero o abriendo una cuenta para la jubilación en el trabajo?

3. ¿Quién controla las finanzas en sus viviendas, incluido el gasto, el pago de facturas y labores administrativas relacionadas con el seguro y los ahorros? ¿Les gusta la división de responsabilidades actual o hay aspectos que deseen cambiar?

4. Después de leer *Mamá lista, mamá rica*, ¿qué medidas quieren adoptar para mejorar su propia seguridad financiera? Algunas medidas que hemos planteado

incluyen adquirir un seguro de vida (tanto para ti como para tu pareja), empezar a ahorrar para los costos de la universidad de tus hijos a través de una cuenta 529, o hablar con tus propios padres sobre su futuro y la ayuda que podrían necesitar de ti.

5. En el capítulo 2, aprendimos lo útil que puede resultar articular objetivos financieros a corto y largo plazo para ustedes y sus familias, como primer paso para lograrlos. ¿Cuáles son sus objetivos a corto y largo plazo?, ¿tienen ya algunas ideas acerca de cómo planificar para que sucedan?

6. Otro ejercicio que aprendimos en el capítulo 2 tiene que ver con imaginar a tu yo del futuro, ya que los estudios demuestran que hacerlo puede ayudar a que te inspires para ahorrar más dinero hoy y cuidar así de ti misma mañana. ¿Qué crees que dirían sus yo de ochenta años acerca de sus yo actuales con relación a sus finanzas?

7. En el capítulo 4, aprendimos que muchas mamás persiguen carreras profesionales no lineales, especialmente cuando hacen malabarismos con sus itinerarios para cuidar de los niños. ¿Hay aspectos de su situación laboral actual que les gustaría cambiar, ya sea perseguir una mayor flexibilidad, salario, horas o una carrera alternativa?

8. ¿Hay aspectos de su consumo que saben que desean recortar para usar el dinero en algo distinto, como ahorrar? ¿O han descubierto alguna manera creativa de ahorrar dinero al mismo tiempo que todavía administran todos los gastos de la casa?

9. ¿Usan actualmente un sistema de distribución de la mesada a los niños en su casa para enseñarles el valor del dinero y, si es así, qué tal les funciona? ¿Expresan sus pensamientos acerca de administrar el dinero a sus hijos de distintas maneras, a través del ejemplo o conversando?

10. Si todavía no se hallan en ese punto (y queda un largo recorrido para ello), ¿cómo se imaginan que transcurran sus años de jubiladas? ¿Vivirán en algún lugar distinto? ¿Intentarán algo distinto como voluntariado o viajar? ¿Están tomando algunas medidas ahora, como destinar dinero a una cuenta para la jubilación, a fin de prepararse para ese día?

• NOTAS •

INTRODUCCIÓN: INTERNÉMONOS EN LA MATERNIDAD

2   *De acuerdo con Fidelity...*

«Are Women Standing Up to the Retirement Savings Challenge?», Fidelity, 2013, http://www.communications.fidelity.com/wi/2013/womeninvesting/assets/women_in_investing_whitepaper.pdf.

2   *El Pew Research Center...*

Wendy Wang, Kim Parker y Paul Taylor, «Breadwinner Moms», Pew Research Center, 29 mayo 2013, http://www.pewsocialtrends.org/2013/05/29/breadwinner-moms/.

2   *De manera similar, el incremento de las familias mixtas...*

Jens Manual Krogstad, «5 Facts About the Modern American Family», Pew Research Center, 30 abril 2014, http://www.pewresearch.org/fact-tank/2014/04/30/5-facts-about-the-modern-american-family/.

2   *Un informe de Boston Consulting Group...*

Michael J. Silverstein y Katherine Sayre, «Women Want More: A Revolutionary Opportunity», Boston Consulting Group, 9 septiembre 2009, http://www.bcgperspectives.com/content/articles/consumer_products_marketing_sales_women_want_more_excerpt/.

3   *El 70% de las mujeres reemplace rápidamente...*

Heather R. Ettinger y Eileen M. O'Connor, «Women of Wealth», Family Wealth Advisors Council, 2013, http://www.hemingtonwm.com/wp-content/uploads/2013/11/FWAC_WomenOfWealth.pdf; ver también «The Allianz Women, Money, and Power Study, 2013», Allianz Life Insurance Company of North America, https://www.allianzlife.com/retirement-and-planning-tools/women-money-and-power http://www2.allianzlife.com/content/public/Literature/Documents/Modern_Family.pdf.

5   *En un evento celebrado en Capitol Hill...*

Kimberly Palmer, «Why Millennial Women Have a Money Problems», *US News*, 17 junio 2014, money.usnews.com/money/blogs/alpha-consumer/2014/06/17/why-millennial-women-have-a-money-problem; ver también «PISA 2012 Results»,

NOTAS

Organización para la Cooperación y el Desarrollo Económicos, http://www.oecd. org/pisa/keyfindings/pisa-2012-results.htm.

6   *Una encuesta elaborada por T. Rowe Price en 2014...*

Kimberly Palmer, «Why Boys Know More About Money», *US News*, 22 agosto 2014, http://money.usnews.com/money/blogs/alpha-consumer/2014/08/22/why-boys-know-more-about-money.

6   *Una encuesta llevada a cabo por Fidelity en 2015...*

Kimberly Palmer, «How Women Can Boost Their Financial Confidence», *US News*, 4 marzo 2015, http://money.usnews.com/money/personal-finance/articles/2015/03/04/how-women-can-boost-their-financial-confidence.

7   *Investigación de Elizabeth Warren...*

Elizabeth Warren y Amelia Warren Tyagi, *The Two-Income Trap* (Nueva York: Basic Books, 2003), p. 6.

CAPÍTULO 1: AHORRA (Y GASTA) COMO UNA MADRE

13   *Una encuesta de 2014 elaborada por Wells Fargo constató...*

«Wells Fargo Survey: Affluent Women "Enjoy" Making Money», Wells Fargo, 20 noviembre 2014, http://www.wellsfargo.com/about/press/2014/affluent-woman-making-money_112/.

16   *«Cortaba el parche Guess de un par de jeans. . .»*

Kimberly Palmer, «The Truth About Growing Up "American Middle Class"», *US News*, 19 noviembre 2014, http://money.usnews.com/money/blogs/alpha-consumer/2014/11/19/the-truth-about-growing-up-american-middle-class.

CAPÍTULO 2: TOMA LAS RIENDAS

38   *Los investigadores de la Escuela de Medicina y Ciencias Bioquímicas Jacobs...*

Roberto Ferdman, «The Stark Difference Between What Poor Babies and Rich Babies Eat», *Washington Post*, 4 noviembre 2014, https://www.washingtonpost.com/news/wonk/wp/2014/11/04/the-stark-difference-between-what-poor-babies-and-rich-babies-eat/.

39   *el banco HSBC...*

«New HSBC Direct "ASK" Survey Shows Active Savers Better Prepared to Weather the Storm», 29 mayo 2009, HSBC.

39   *Antes de que fueras mamá...*

        «Table 3. Age of Reference Person: Average Annual Expenditures and Characteristics, Consumer Expenditure Survey, 2011», La Oficina de Estadísticas Laborales de EE. UU., http://www.bls.gov/cex/2011/Standard/age.pdf.

39   *De acuerdo a un estudio sobre estrés financiero elaborado en 2015 por Financial Finesse...*

        «2015 Financial Stress Report, Executive Summary», *Financial Finesse*, June 2015, http://www.financialfinesse.com/wp-content/uploads/2015/06/Financial-Stress-Report_2015.pdf.

40   *El Departamento de Agricultura de Estados Unidos...*

        Mark Lino, «Expenditures on Children by Families, 2013», El Departamento de Agricultura de EE. UU., El Centro para la Política y Promoción de Nutrición, publicación miscelánea, agosto 2014, https://www.cnpp.usda.gov/sites/default/files/expenditures_on_children_by_families/crc2013.pdf.

40   *De acuerdo a un estudio elaborado por Hal Hershfield...*

        Kimberly Palmer, «How to Meet Your Future Self—and Save», *US News*, 13 febrero 2012, money.usnews.com/money/blogs/alpha-consumer/2012/02/13/how-to-meet-your-future-selfand-save.

42   *El Center for Retirement Research en la Universidad de Boston...*

        Alicia Munnell, Anthony Webb y Francesca N. Golub-Sass, «How Much to Save for a Secure Retirement», Center for Retirement Research at Boston College, noviembre 2011, http://crr.bc.edu/wp-content/uploads/2011/11/IB_11-13-508.pdf.

43   *Un estudio de la Rand Corporation basado en los patrones de gasto de 2.500 hogares...*

        Kimberly Palmer, «Americans Spend Less When They Fear Layoffs», *US News,* 16 julio 2014, money.usnews.com/money/blogs/alpha-consumer/2014/07/16/americans-spend-less-when-they-fear-layoffs.

44   *Las mujeres suelen tener más posibilidades de acarrear una deuda de la tarjeta de crédito que los hombres...*

        Kimberly Palmer, «BMO Harris Bank Survey Shows Better Credit Card Behavior Among Men Than Women», BMO Harris, 28 octubre 2014, https://newsroom.bmoharris.com/press-releases/bmo-harris-bank-survey-shows-better-credit-card-be-1154337.

48   *Un estudio elaborado por el UBS Wealth Management en 2014...*

        Kimberly Palmer, «Couples Are Happier Sharing Money Decisions», *US News,* 9 mayo 2014, USNews.com, money.usnews.com/money/blogs/alpha-consumer/2014/05/09/couples-are-happier-sharing-money-decisions.

NOTAS

CAPÍTULO 3: EL MOMENTO LO ES TODO

51   *Los bebés nacidos hoy...*

Mark Lino, «Expenditures on Children by Families», El Departamento de Agricultura de Estados Unidos, El Centro para la Política y Promoción de Nutrición, publicación miscelánea, núm. 1528-2013, agosto 2014, https://www.cnpp.usda.gov/sites/default/files/expenditures_on_children_by_families/crc2013.pdf.

51   *Para muchas mujeres, lo más costoso de tener bebés...*

Michelle J. Budig y Paula England, «The Wage Penalty for Motherhood», *American Sociological Review*, vol. 66, abril 2001, pp. 204–225, http://www.asanet.org/images/members/docs/pdf/featured/motherwage.pdf.

52   *El estudio muestra que, generalmente...*

Amalia R. Miller, «The Effects of Motherhood Timing on Career Path», *Journal of Population Economics*, vol. 24, núm. 3, 10 diciembre 2009, pp. 1071–1100 link.springer.com/article/10.1007%2Fs00148-009-0296-x.

57   *Cuando el Pew Research Center preguntó a los futuros padres...*

«Young, Underemployed and Optimistic», Pew Research Center, febrero 2 2012, http://www.pewsocialtrends.org/2012/02/09/young-underemployed-and-optimistic/.

CAPÍTULO 4: COMO UNA JEFA

64   *Farnoosh Torabi, experta en dinero y celebridad de la televisión...*

Farnoosh Torabi, «Mommyhood Musings: The Baby Effect and My New Business Idea», Farnoosh.tv, 21 octubre 2014, farnoosh.tv/mommyhood-musings-baby-effect-new-business-idea/.

66   *De acuerdo a una investigación elaborada por la Universidad de Rhode Island...*

Kimberly Palmer, «The Cost of Caring for Aging Parents», *US News,* 27 agosto 2014, money.usnews.com/money/personal-finance/articles/2014/08/27/the-cost-of-caring-for-aging-parents; ver también Kenneth Matos y Ellen Galinksy, «2014 National Study of Employers», 2014, familiesandwork.org/downloads/2014NationalStudyOfEmployers.pdf.

67   *En un panel dinámico, Bob Moritz...*

White House Summit on Working Families, junio 23 2014, workingfamiliessummit.org/.

73   *Pamela Stone, profesora de Sociología en Hunter College...*

Kimberly Palmer, «The Real Cost of Women Opting Out», *US News,* 30 julio 2014, money.usnews.com/money/personal-finance/articles/2014/07/30/the-real-cost-of-women-opting-out.

74   *La carrera caleidoscopio...*

Lisa Mainiero y Sherry Sullivan, *The Opt-Out Revolt: Why People Are Leaving Companies to Create Kaleidoscope Careers* (Mountain View, CA: Davies-Black Publishing, 2006).

74   *Jamie Ladge, profesora de la Universidad Northeastern...*

Kimberly Palmer, «The Real Impact of Babies on Career Success», *US News,* 16 septiembre 2011, money.usnews.com/money/blogs/alpha-consumer/2011/09/16/the-real-impact-of-babies-on-career-success.

76   *En su doctorado de Purdue University, Elizabeth Wilhoit...*

Elizabeth Wilhoit, «Opting Out (Without Kids): Understanding Non-Mothers' Workplace Exit in Popular Autobiographies», Gender Work & Organization, vol. 21, núm. 3, pp. 260–272, 25 septiembre 2013, onlinelibrary.wiley.com/doi/10.1111/gwao.12034/abstract.

CAPÍTULO 5: MAMÁS INVERSORAS

88   *En un estudio sobre parejas e inversiones para la jubilación...*

«2013 Couples Retirement Study Executive Summary», Fidelity Investments, 2013, http://www.fidelity.com/static/dcle/welcome/documents/CouplesRetirementStudy.pdf.

89   *Una encuesta realizada en 2014 por Wells Fargo a 1.800 mujeres...*

«Wells Fargo Survey: Affluent Women "Enjoy" Making Money», Wells Fargo, 20 noviembre 2014, http://www.wellsfargo.com/about/press/2014/affluent-woman-making-money_112/.

91   *De acuerdo a Transamerica Center for Retirement Studies...*

«Fourteen Facts About Women's Retirement Outlook», Transamerica Center for Retirement Studies, marzo 2014, https://www.transamericacenter.org/docs/default-source/resources/women-and-retirement/tcrs2014_report_women_and_retirement_14_facts.pdf.

91   *las últimas estadísticas del gobierno muestran...*

«Retirement Security: Women Still Face Challenges», Oficina de Rendición de Cuentas del Gobierno de Estados Unidos, Informe al Presidente de la Junta, Comité Especial sobre el Envejecimiento, U.S. Senate, Julio 2012, http://www.gao.gov/assets/600/592726.pdf.

NOTAS

94   *En efecto, el análisis del centro muestra que, si comienzas a ahorrar a los veinticinco...*

Alicia Munnell, Anthony Webb y Francesca N. Golub-Sass, «How Much to Save for a Secure Retirement», Centro de Investigación de Jubilación en Boston College, noviembre 2011, http://crr.bc.edu/wp-content/uploads/2011/11/IB_11-13-508.pdf.

97   *Un informe de Fidelity sobre mujeres e inversiones...*

«Are Women Standing Up to the Retirement Savings Challenge?», Fidelity, 2013, communications.fidelity.com/wi/2013/womeninvesting/assets/women_in_investing_whitepaper.pdf.

98   *De acuerdo con un estudio elaborado por Judy Postmus...*

Judy Postmus, Andrea Hetling y Gretchen L. Hoge, «Evaluating a Financial Education Curriculum as an Intervention to Improve Financial Behaviors and Financial Well-Being of Survivors of Domestic Violence», *Journal of Consumer Affairs*, vol. 49, núm. 1, pp. 250–266, primavera 2015, 30 diciembre 2014, http://onlinelibrary.wiley.com/doi/10.1111/joca.12057/abstract.

102   *Una encuesta de 2014 elaborada por Allianz descubrió que la presión para elegir entre los dos es especialmente alta entre los padres solteros...*

«College Savings Take Priority for Today's Single Parents», Allianz LoveFamilyMoney Study, 4 agosto 2014, http://www.allianzusa.com/lovefamilymoney/insights/college-savings-take-priority-for-single-parents/.

103   *Un análisis elaborado por Vanguard para el New York Times mostró...*

Ron Lieber, «Taxing 529 College Savings Plans: A Plan That Went Awry», *New York Times*, 30 enero 2015, http://www.nytimes.com/2015/01/31/your-money/paying-for-college/the-wouldve-shouldve-and-couldve-of-taxing-529-plans.html.

CAPÍTULO 6: JUEGA A LA DEFENSIVA

111   *La Oficina del Censo de Estados Unidos informa que...*

«Marriage and Divorce: Patterns by Gender, Race, and Educational Attainment», *Monthly Labor Review*, Oficina de Estadísticas Laborales de EE. UU., octubre 2013, http://www.bls.gov/opub/mlr/2013/article/pdf/marriage-and-divorce-patterns-by-gender-race-and-educational-attainment.pdf.

120   *El Hartford Financial Services Group informa que menos de la mitad de los trabajadores en su veintena y principios de la treintena...*

«The Hartford Gets "Social" to Help Gen Y Maximize Benefits, Take Control of Career», 2 octubre 2012, The Hartford, https://newsroom.thehartford.com/releases/the-hartford-gets-social-to-help-gen-y-maximize-benefits-take-control-of-career.

121 *De acuerdo con una encuesta elaborada por New York Life en 2014...*

«Widows Under Stress: Widows Confront Years of Undue Hardship After the Loss of a Spouse, a New Study Reveals», New York Life, 17 noviembre 2014, http://www. businesswire.com/news/home/20141117005790/en/Widows-Stress-Widows-Confront-Years-Undue-Hardship.

CAPÍTULO 7: ATRAPADA EN EL MEDIO

132 *El Family Wealth Advisors Council, una red de firmas de gestión patrimonial por honorarios, constató...*

Heather R. Ettinger y Eileen M. O'Connor, «Women of Wealth», Family Wealth Advisors Council, 2013, familywealthadvisorscouncil.com/sandwich-generation-woman/.

132 *El MetLife Study of Caregiving Costs to Working Caregivers...*

«Caregiving Costs Americans $3 Trillion in Lost Wages, Pension and Social Security Benefits», 14 junio 2011, MetLife Mature Market Institute, https://www.metlife.com/assets/cao/mmi/publications/mmi-pressroom/2011/mmi-caregiving-costs-working-caregivers-pr.pdf.

134 *De acuerdo a información de la Oficina del Censo analizada por el Center for Health Policy Research de la UCLA...*

Steven P. Wallace, «The Graying of the Rainbow», charla presentada en la conferencia de 2014 Gerontology Society of America, Washington, D.C.

135 *Una encuesta de 2014 realizada por Caring.com a 1.345 cuidadores constató que ...*

«Nearly Half of Family Caregivers Spend Over $5,000 per Year on Caregiving Costs», Caring.com, 15 septiembre 2014, https://www.caring.com/about/news-room/costs-of-caregiving-2014.

138 *El estudio elaborado en 2014 por Fidelity sobre finanzas familiares...*

«Fidelity's 2014 Intra-Family Generational Finance Study Executive Summary», Fidelity, 2014, https://www.fidelity.com/static/dcle/welcome/documents/intra-family-generational-finance-study.pdf.

141 *De acuerdo a una encuesta realizada a 1.000 adultos por Caring.com...*

«Living Trust and Wills When Caring for Elderly Parents», Caring. com, 2015, http://www.caring.com/research/wills-data-2015.

CAPÍTULO 8: MAMÁS MODELO

146 *Un estudio de T. Rowe Price...*

«Boys and Girls Not Equally Prepared for Financial Futures», T. Rowe Price, 18 agosto 2014, corporate.troweprice.com/Money-Confident-Kids/Site/Media/News/Articles/boys-and-girls-not-equally-prepared-for-financial-future.

147   *Una encuesta de 2011 sobre adolescentes elaborada por Charles Schwab...*

«2011 Teens & Money Survey Findings», Charles Schwab, 2011, http://www.schwabmoneywise.com/public file/P-4192268/110526-SCHWAB-TEENSMONEY.pdf.

155   *La organización sin fines de lucro Common Sense Media ha constatado...*

«Advertising to Children and Teens: Current Practices», Common Sense Media, 28 enero 2014, http://www.commonsensemedia.org/research/advertising-to-children-and-teens-current-practices.

155   *Un estudio de la Universidad de Arizona descubrió...*

Paul M. Connell, Merrie Brucks, y Jesper H. Nielsen, «How Childhood Advertising Exposure Can Create Biased Product Evaluations That Persist into Adulthood», *Journal of Consumer Research*, 9 enero 2014, http://www.jcr-admin.org/files/pressPDFs/030614095007_March2014.pdf.

159   *Una investigación de Linda Babcock y Sara Laschever...*

Linda Babcock y Sara Laschever, «Women Don't Ask: Negotiation and the Gender Divide», http://www.womendontask.com/stats.html.

161   *En una encuesta de 2014 realizada por TIAA CREF entre 1.000 nietos...*

«Only 8 Percent of Grandparents Are Likely to Talk with Grandchildren about Money and Saving for College», TIAA-CREF, 5 agosto 2014, http://www.tiaa-cref.org/public/about/press/about_us/releases/articles/pressrelease512.html.

162   *Y la mayoría de los padres —el 70%, de acuerdo con una encuesta de 2015 de T. Rowe Price...*

«T. Rowe Price: Parents Let Kids Learn About Money the Hard Way», T. Rowe Price, 25 marzo 2015, https://corporate.troweprice.com/Money-Confident-Kids/Site/Media/News/Articles/trp-parents-let-kids-learn-about-money-the-hard-way.

CAPÍTULO 9: DE VUELTA A TI

176   *Una encuesta de 2012 elaborada por Charles Schwab halló que uno de cada tres trabajadores con ingresos promedio...*

«Charles Schwab's Older Workers & Money Survey Reveals Surprising Findings About Job Sentiment Among Americans in Their 50s and 60s», Charles Schwab, 24 abril 2012, pressroom.aboutschwab.com/press-release/corporate-and-financial-news/charles-schwabs-older-workers-money-survey-reveals-surpri.

181   *De acuerdo con el proyecto del Pew Research Center sobre Internet y la vida estadounidense...*

Keith Hampton, Lee Rainie, Weixu Lu, Inyoung Shin y Kristen Purcell, «Social Media and the Cost of Caring», Pew Research Center, 15 enero 2015, http://www.pewinternet.org/2015/01/15/social-media-and-stress/.

187   *La Administración del Seguro Social publica un folleto...*

«What Every Woman Should Know», Social Security Administration, http://www.ssa.gov/pubs/EN-05-10127.pdf.

CAPÍTULO 10: DE REGRESO AL NIDO

189   *Es más, un informe elaborado por el Pew Research Center en 2015...*

Richard Fry, «More Millennials Living with Family Despite Improved Job Market», Pew Research Center, 29 julio 2015, http://www.pewsocialtrends.org/2015/07/29/more-millennials-living-with-family-despite-improved-job-market/.

192   *De acuerdo a una encuesta sobre finanzas elaborada en 2015 por TD Ameritrade...*

«Financial Disruptions Survey, Impact of Life Events 2015», TD Ameritrade, 2015, http://s1.q4cdn.com/959385532/files/doc_downloads/research/Disruptor_Survey_2015.pdf.

EPÍLOGO: MÁS QUE DINERO

202   *Cuando Allianz les preguntó a las mujeres...*

«Meet Today's Modern Family», The Allianz Women, Money and Power Study, 2013, http://www2.allianzlife.com/content/public/Literature/Documents/Modern_Family.pdf.

• ÍNDICE •

ÍNDICE

SOBRE LA AUTORA

Kimberly Palmer es la autora de *The Economy of You: Discover Your Inner Entrepreneur and Recession-Proof Your Life* y fue editora principal de Dinero en *US News & World Report* durante nueve años. Además, es profesora adjunta de American University, donde enseña un curso sobre dominio de las redes sociales. Vive con su familia, incluidos sus dos hijos, en la zona de Washington, D.C. También puedes encontrarla en kimberly-palmer.com.